绿色航天
美丽家园

中国运载火箭技术研究院 编

中国林业出版社

图书在版编目（CIP）数据

绿色航天 美丽家园/中国运载火箭技术研究院编.
--北京：中国林业出版社，2015.12
ISBN 978-7-5038-8405-4

Ⅰ. ①绿…

Ⅱ. ①中…

Ⅲ. ①航天工业－发展史－中国

Ⅳ. ①F426.5

中国版本图书馆CIP数据核字(2016)第017672号

出版 中国林业出版社(100009北京市西城区德内大街刘海胡同7号)

E-mail Lucky70021@sina.com

电话 （010） 83143520

印刷 北京卡乐富印刷有限公司

发行 中国林业出版社总发行

版次 2016年1月第1版

印次 2016年1月第1次

开本 880mm×1230mm 1/16

印张 7.75

印数 1-10000册

字数 230千字

定价 220.00元

《绿色航天 美丽家园》

编委会

主　任：李　洪　梁小虹
副主任：方世力　王　庆
顾　问：宁学林　李清河　李索正　芮国严
编　委：岳增云　史建生　张寒生　朱劲松　杨亚东　刘玉胜

编写组

主　编：杨亚东　闫晓平
副主编：李　静　王盛钢　雷宝印　项　宇
编　辑：张　瑞　位孟斌　时　洁　张春华　黄晋涛　唐　鸥

中国航天事业起步于1956年，经过59年的发展，现已建立了完整的航天科技工业体系，取得了以"两弹一星"和载人航天为标志的辉煌成就，为我国的国防和经济建设作出了重要贡献。中国已跻身世界航天大国之列。

中国航天科技集团公司第一研究院又名中国运载火箭技术研究院（航天一院），是我国最大的导弹武器和运载火箭研究、设计、试制、试验和生产基地。自1957年建院以来，航天一院从建设生态宜居家园、改善职工生产生活环境着手，在搞好院区基础设施建设的同时，大力开展环境整治工作，栽树木、铺草坪、修绿篱、建花房，绿化美化由点到面，由单一栽树到系统绿化，由庭院绿化到院外开花，形成了完整的绿化体系，走出了自己的绿化之路。如今，花园、绿地遍布科研生产区、生活区，居民出行500米范围内就有公园、绿地。清新、优雅、整洁的环境，受到了广大科研生产人员及家属的欢迎。

在做好院区绿化美化的同时，航天一院没有忘记履行社会责任，积极开展义务植树工作。自20世纪80年代起，相继在北京大兴区的六合庄、埝坛、礼贤、芦城等地建立了4处义务植树基地。每年院领导都带领广大职工开展义务植树活动，履行法定义务。昔日永定河故道的荒沙滩，如今郁郁葱葱，已被打造成市民休闲娱乐的郊野公园。"城乡手拉手，共建新农村"活动是航天一院义务植树工作的重要组成部分，自2008年起，院与大兴区礼贤镇黎明村结成对口帮扶"手拉手"村，共投入数十万元，支持黎明村改善生态环境，建设社会主义新农村。如今的黎明村绿化覆盖率达50%以上，环境整洁优美，实现了村庄花园化、道路林荫化、农田林网化的目标。

环境在变，院容在变，人们的精神面貌也在变。造林绿化不仅美化了环境，满足了人们物质层面的要求，又满足了人们精神层面的需求，陶冶了人们的情操。今天，植树、种草、养花、赏景已经成为航天一院人们日常生活中不可缺少的重要内容。全院同志一起努力，用汗水播撒绿荫，用劳动换来绿色成果，用双手创造美好生活。无论清晨黄昏，花园、广场上到处都有职工、居民休闲、健身的身影，跳舞的、下棋的、打太极拳的、哼着小曲遛鸟的，呈现出一幅人与自然和谐相处的美好画卷。

航天一院绿化始终依托航天事业的发展而不断壮大。航天绿化服务于航天事业的发展，努力为航天人打造安静舒适的科研、生产、生活环境。航天绿化融入了航天元素，是传播航天文化的有效载体，也成为航天文化的重要组成部分。50多年来，航天绿化由小到大，从群众参与到群众参与和专业化发展并进，集绿植、山石、雕塑、亭台、楼阁、园林小路、水体、航天文化于一体，精品频出、亮点纷呈，为首都的生态建设作出了贡献。航天一院先后获得了"全国绿化模范单位""全国绿化先进单位""中央国家机关绿化美化先进单位""首都全民义务植树先进单位"等荣誉。

党的十八大提出了加强生态文明建设的战略部署，并将生态文明建设同经济建设、政治建设、社会建设、文化建设并列，形成"五位一体"建设中国特色社会主义的战略布局，生态文明建设被提高到了前所未有的战略高度。建设生态文明是社会发展的必然，也是全面建成小康社会的呼唤。国土绿化作为生态建设的主体，在建设生态文明的历史进程中肩负着重大的使命和光荣的任务。目前，航天一院正以党的十八大精神为指导，牢固树立生态文明的理念，加快推进国土绿化进程，积极打造美好家园，努力开创航天绿化工作新局面。

纵观航天一院绿化事业的发展历程，50多年的播绿道路，是一条独立自主、自力更生之路，是一条艰苦奋斗、顽强拼搏之路，更是一条开拓进取、勇攀高峰之路。航天绿化事业从一个辉煌走向另一个辉煌，离不开各级领导的关怀与支持，离不开广大绿化工作者的辛勤劳动与无私奉献，更离不开各院属单位的协作配合。航天绿化历程艰辛曲折，刻骨铭心；航天绿化成绩令人鼓舞，催人奋进。一代代航天人为绿色发展付出的实践，为美好家园建设提供了宝贵的经验。总结回顾航天绿化事业成绩和经验，既是未来发展的需要，也是时代赋予的使命。

《绿色航天 美丽家园》共由6部分组成。"综述"部分介绍航天一院绿化成就及经验；"机构"部分介绍航天一院的历史沿革、绿委组织机构；"播绿"部分讲述航天绿化的发展历程；"景观"部分展示航天一院园林绿化景观以及特色植物品种；"风采"部分重点展示航天一院绿化获得的荣誉、绿化先进人物及绿化团队的风采；"绿苑"部分展示部分干部职工的生态摄影和书画美文作品。

本书在编写过程中，得到了航天一院各级领导和有关单位的大力支持，在此致以诚挚的谢意。

由于时间所限，书中疏漏及不当之处，敬请各位读者斧正和谅解。

编　者
2016年元月

CONTENTS 目录

综述

ZONGSHU

引领航天
追求卓越

　　中国运载火箭技术研究院（航天一院），创建于1957年11月16日，地处北京市丰台区南苑东高地，位于天坛公园南北轴线的南端。"古人祭天，今人登天"，历史的机缘巧合，使这里成为中国航天事业的发祥地。

　　航天一院隶属中国航天科技集团公司，下属11个国家在编科研事业单位，3个预算内企业单位，6个院属非法人实体单位，3个院级全资公司，1个上市公司。主营业务包括航天型号工程、航天技术应用产业等领域。覆盖系统总体、空间飞行、结构与强度、自动控制、地面发控、伺服机电、计量测试、强度与环境、新材料、特种制造、总装总测、新能源、煤化工等多方面专业技术，具有雄厚的生产制造能力。

　　目前，航天一院拥有资产总额约600亿元，从业人员约3万人，其中包括9名中国科学院和中国工程院院士，5名国家级专家，12名百千万人才工程国家级人选，2名中华技能大奖获得者，23名全国技术能手，314名享受国家政府津贴专家；共获得3573项部级以上科研成果奖、7项国家科技进步特等奖、1项国防特等奖。

航天一院建院之初，聂荣臻元帅面对新中国成立初期我国经济实力和工业基础薄弱、科学技术落后、管理经验缺乏的实际，提出了"自力更生为主，力争外援和利用资本主义国家已有科学成果"的建院方针和"集中力量，形成拳头，组织全国大协作"的工作方针。创业者们提出了"自力更生，艰苦奋斗，争一口气，克服一切困难，为国争光"和"自力更生，发奋图强，突破从仿制到独立设计关"的口号。在党中央、国务院、中央军委的亲切关怀和正确领导下，在全国各有关部门、单位的大力协同下，顽强拼搏，艰苦奋斗，闯过了一道道难关，克服了一个个困难，收获了丰硕的科研成果。

经过几代航天人的不懈追求，中国运载火箭技术研究院从无到有，从小到大，从弱到强，先后成功研制了十余种长征系列运载火箭，形成了长征火箭系列型谱，能发射近地轨道、太阳同步轨道、地球同步转移轨道卫星或航天器。实现了从常规推进剂到低温推进剂、从串联到捆绑、从一箭单星到一箭多星、从发射卫星到发射载人飞船的技术跨越，成就了中国航天事业发展史上一个又一个里程碑，奠定了中国航天事业发展的基础，承载了中国航天50多年的发展历程，使中国航天发射技术处于世界先进水平。

在促进导弹武器和运载火箭跨越发展的同时，航天一院始终坚持走"军民结合、寓军于民、协调发展"的道路，积极发挥航天高科技优势，致力于航天技术应用产业的发展，重点发展先进能源、特种车辆和汽车零部件、新材料及应用、航天特种技术应用、卫星应用和电子工程等领域，并已初步形成产业规模，为国民经济建设作出了突出贡献。

近60年来，我国航天事业构筑了专业齐全、功能配套、设施完备的航天科技工业体系，掌握了一大批具有自主知识产权的核心技术，积累了独具特色的航天工程管理经验和方法，造就了一支呼唤绿色、热爱自然、技术精湛、作风优良的航天人才队伍，逐步实现了从单一军品生产向军民融合转变，从研究试验向产业化发展转变，从型号科研生产向科研生产经营转变，从面向国内市场向国内、国际两个市场转变，从以导弹试验和卫星发射向以导弹武器、卫星、载人航天、深空探测为代表的整个空间全方位业务转变，从人治管理到制度化管理的转变，初步形成了社会主义特色的中国航天事业持续发展的体系框架，走出了一条社会主义初级阶段中国特色的航天发展之路。

伟大的事业需要伟大的精神，伟大的精神培育了优秀的文化。多年来，航天一院积淀了深厚的航天文化底蕴，铸就了伟大的航天精神、"两弹一星"精神、载人航天精神和"永不停步、永攀高峰、永保成功、永创一流"的企业精神，以及"顽强、毅力、忍耐、坚定"的院魂。

面向未来，航天一院将以发展祖国的航天事业为前提，以"引领航天、追求卓越"为神圣使命，坚持"军品固院、民品强院、创新引院、人才兴院、文化育院"的发展方针，树立"热爱祖国、以人为本、以诚取信、以质取胜、携手合作"的核心价值观，按照"归核化、市场化、产业化、国际化"的发展方略，为铸造国际一流的宇航公司而奋斗！

呼唤绿色 融入自然

在这个被称之为"中国运载火箭的摇篮"的地方，充满生机的绿色愈来愈浓，工作、生活环境越来越美。航天人在实现中华民族登天梦的路上，也在一步步地实现自己的绿色家园梦想。

在50多年的发展中，航天一院始终把植树绿化、改善生产生活区环境作为一项重要的内容提到工作日程上。绿化美化坚持生活区、科研生产区与义务植树基地建设齐头并进，坚持管理与教育齐抓共管，不断创新举措，确保宣传发动、规划启动、精品带动、机制促动的"多轮驱动"策略的实施，绿色家园建设伴随着航天事业的发展不断推进。

1982年以来，航天一院绿化委员会在历任院长的领导下，统筹全院的绿化美化工作，层层设立绿化办公室，主要领导亲自挂帅，业务部门分工协作，权责明确，形成合力，绿化工作朝着专业化、系统化、规范化的方向迈进。目前航天一院自己的绿化设计施工队伍现已发展壮大到80多人，其中博士1人、硕士6人，工程师等专业技术人员近50人。

从建院之初的"黄土不露天"的简单绿化到后来的规划建绿，从单一绿化到绿化、美化、彩化，从见缝插绿到建设园林精品，从老旧小区改造提升到建设人文宜居环境，航天绿化事业的发展一步步渐入佳境。经过多年的发展，航天一院生活区由最初的3个发展到了10个，每个生活区均配有公园绿地，绿化美化实现了三季有花、四季常青。特

①国槐大道
②玉兰大道
③银杏大道

别是"十一五""十二五"时期，为打造与"国际一流宇航公司"相符的环境，航天一院院区绿化将生态、景观、休闲、游览和文化内涵融为一体，在精耕细作上下功夫。院中主要干道统一规划风格，形成以神箭北路国槐大道、神箭中路玉兰大道、神箭南路银杏大道为代表的三横三纵6条主线；建成了以文化广场及老年活动中心为亮点的生活区绿化景观和以神箭景观园为亮点的科研区绿化景观。全院绿化又上了一个新的台阶。

如今，走进航天一院就仿佛走进了绿的世界、花的海洋。被条条绿带分割、布局齐整的功能区内，建筑群落简约流畅，园林小品、亭台楼榭掩映在绿树花丛之中，环境温馨而宁静。全院254万平方米的占地面积，绿地面积达到97万平方米，绿化覆盖率达到42%，人均占有绿地面积20多平方米。形成了以广场、公园为核心，街道绿化为骨架，住宅小区、单位庭院绿化为基础的绿化格局，以及点、线、面、带、环、网相结合的绿地系统。

"山区庭院一条线，两个成果一起出"，在努力改善生产、生活区和办公区域环境，为全院职工创造更加和谐美好的生产、生活条件的同时，航天一院始终不忘自己肩负的社会责任。自1984年上万航天植树大军奔赴永定河故道建立义务植树基地开始，经过多年坚持不懈的努力，已在大兴区六合庄、埝坛、礼贤、芦城等地，陆续建设了4个义务植树基地，总面积达到6500亩。基地绿油油的林木，止住了昔日咆哮的狂沙，形成了绿色屏障，在保护区域生态环境的同时，逐步向郊野公园方向转变，造福当地百姓。

航天绿化取得的显著成效，凝聚着航天绿化人的心血，显示了航天系统广大干部职工凝心聚力建设美好家园的决心和力量。在多年的绿化实践中，航天人积累了丰富的园林绿化经验。

一、领导重视，落实责任，形成齐抓共管的局面

航天一院历届院长、党委书记都非常关心全院的绿化美化工作，始终把绿化美化工作列入重要的工作日程，并经常督促落实。绿化委员会由主管副院长任主任，各部、所、厂主管行政领导为委员；在京的各院属单位均有一名副所（厂）长主抓绿化工作，并配有绿化助理员；绿化办协调全院绿化工

②

③

作，形成上下一致、齐抓共管的良好局面。院里每年年初与下属单位签订绿化责任书，年末检查落实情况，明确需要完成的绿化任务，并建立健全了绿化工作考核制度，权责清晰，奖惩分明，推动绿化工作朝着专业化、系统化的方向迈进。院里结合国管局、市政府、集团公司的有关规定，多次修订绿化规章制度，出台了《一院绿化工作实施办法》等，通过制度保障，扎实推进绿化工作。

二、宣传发动，科普教育，弘扬生态文明理念

航天一院利用院内长征电视台、长征报等媒体，宣传搞好绿化工作的重要性，宣传绿化先进事迹以及绿化政策法规，推动全院的环境治理和保护工作又好又快发展。一院报刊每年都发表绿化美化稿件10余篇。2008年，院行政保障部还特地制作了一期题为"守望绿色家园，共铸一院辉煌"的绿化专刊。2010年，长征电视台录播的绿化美化专题片宣传效果非常好。2014年，院里启动了古树名木普查建档工作，将收集到的科研生产区、生活区古树名木1803株的资料绘图整理，整编成册，制作完成了《中国运载火箭技术研究院古树名木图谱》，图谱图文并茂，向全院员工展示了绿化工作的丰硕成果。此外，院绿化办每年组织全院各部、所、厂行政主管部门的负

①2015年，李洪院长、梁小虹书记义务植树
②2012年4月5日，院党委书记梁小虹、副院长李索正和院
　本部及东高地办事处领导到院指挥大楼北侧义务植树
③李索正副院长检查绿化工作
④2015年植树节宣传
⑤李索正副院长主持绿化专题会议
⑥绿化技术培训
⑦2012年12月20日，在空军军械培训中心2301#会议
　室召开一院绿化工作专题沟通协调会

责人，进行培训，讲解绿化法律法规，介绍中国和世界园林绿化的发展方向，总结绿化工作所取得的成绩与不足，推介绿化新品种、新产品等；还通过一系列的宣传活动和科学知识的普及，提高全院职工"植绿、爱绿、护绿、兴绿"意识，促进绿化工作的顺利开展。

三、科学规划，合理设计，全面构建和谐环境

航天一院绿化规划设计坚持以人为本、人与自然和谐发展的理念，本着"以绿为主、绿美结合、因地制宜"的原则，注重景观和生态效果，做到高低结合，错落有致，使不同色彩、不同香味的花草树木合理分布。绿化设计力求立意新，符合现代人的审美情趣；内涵丰富深邃，深入挖掘航天文化意蕴；精益求精，不出败笔；经济实用，便于管理；始终贯穿可持续发展理念，既能长久地保持良好的工作和生活环境，又能不断地充实完善。2001、2006、2011年先后出台了航天绿化"十五""十一五""十二五"规划，高标准组织实施了桃园花园、梅园花园、六营门花园、东高地老旧小区改造、5～8栋生活区环境建设、万源小区楼间绿地改造、神箭景观园工程、综合广场屋顶花园绿化等多项大型绿化美化重点工程，不仅提升、美化了本院的生产、生活环

境，也为首都的生态环境建设作出了贡献。

四、保障经费，加大投入，稳步提升绿化档次

在经费紧张的情况下，院里每年都要拿出一定资金用于绿地养护、绿地改造、新绿地及义务植树基地的建设，而新的基建工程的配套绿化经费除严格按照北京市要求办理外，院里还自筹资金增加经费以提高绿地档次。"十二五"规划中明确规定，5年间每年投入2000万元用于提升完善现有绿地，全院各个生活小区都建有花园或文化广场，各部、所、厂每年都有稳定的绿化经费投入。院行保部与各单位每年都签订绿化工作责任书，规定了各单位当年必须完成的绿地任务及经费投入等，并且每年对各单位完成情况进行检查及奖罚，从而保证了全院绿化工作不断完善和发展。

五、探索实践，科技兴绿，推进绿化持续发展

院里每年都按计划对从事绿化工作的人员进行专业技能培训，除了邀请专家来院里讲课外，还组织有关人员到国内外考察学习，不断提高全院绿化及绿地养护管理人员的技术水平。在工程实施中，积极引入同行业先进团队，先后完成与国内知名园林专家檀馨团队及北京市林业大学教授瞿志团队的合作。适时引进新品种，不断提高规划设计和栽植水平，近年来积极引入红豆杉、红王子锦带、果岭草等优良树木新品种30余种，丰富院区绿化植物种类。绿化工程严格遵循"地域性、生态性、景观性相协调和社会效益优先"原则，创建精品工程，因地制宜，突出特色，科技兴绿，整体推进。万源广场屋顶花园绿化设计以"精巧"为原则，遵循植物多样性和共生性原则，采用了很多新技术，建成后先后被北京市园林局、园林协会、屋顶绿化协会评为"北京屋顶绿化优质工程"；神箭景观园工程涵盖了土建、水电、市政、艺术雕塑等多项综合性技术创新；

①2015年10月，全国绿化模范单位复查
②2013年春季，院领导检查绿化工作
③方世力总会计师检查院绿化工作
④各单位领导参加义务植树活动后合影留念

天津火箭基地的绿化中，始终把科技研发放在首位，从植物选择、土壤改良、植物种植、后期养护、效果评价等多方面进行实践，探索出适合基地盐碱土改良绿化的综合措施，克服了盐碱滩绿化施工技术难、植物成活率低等问题。此外，还探索出"以圃代林，以绿养绿"的绿化经营模式，在青云店建有苗圃，保证了全院绿化美化工作的可持续发展。

六、加强管护，依法治绿，确保造林绿化成效

院领导对院区绿地及义务植树基地的树木管护十分重视，每年有专项的管护经费投入，设有专业技术养护队。同时，对院区老绿地予以不间断地改造和提高。绿化养护实行分级管理，重点部位达到精品养护水平。在植物保护方面，把美国白蛾等重要害虫防治列为重点工作，每年用于防治美国白蛾的药品原液达350～400千克，为减少污染，使用高效低毒农药及采用生物防治的办法进行树木病虫害防治。在日常养护工作中注重养护技术的学习实践，针对银杏单株枯梢现象，通过改善生长环境、补充养分等措施成功实现银杏复壮。变废为宝，将每年修剪的树枝碾碎、积肥，作为养花的肥料；采取喷灌、微喷、铺设透水砖等方法，合理利用和保护水资源。多年来，生活区、科研区及大兴义务植树基地，均未发生重大滥砍乱伐林木、侵占破坏绿地的现象，也无重大火灾和有害生物灾害的发生。

七、与时俱进，开拓创新，增强绿化发展活力

为适应航天事业发展的需要，航天一院绿化队伍不断发展壮大，2001年注册成立了北京市航天万源园林绿化有限责任公司，在高质量完成本院区绿化养护、绿化施工建设任务的同时，不断开拓绿色市场，绿化事业向院外延伸，走出了一条自我发展壮大之路。公司引进人才，引入新品种，技术水平不

绿色航天　美丽家园

机构

1999年7月

经国务院批准，中国航天工业总公司分为中国航天科技集团公司和中国航天机电集团公司（后改为中国航天科工集团公司）。自此，中国运载火箭技术研究院名称开始使用并沿用至今。

1988年7月

航天工业部与航空工业部合并，成立了航空航天工业部。航天工业部第一研究院随即改称航空航天工业部第一研究院。

1993年6月

航空航天工业部撤销，成立了中国航天工业总公司。航空航天工业部第一研究院随即改称中国航天工业总公司第一研究院。

1982年4月

国家机关实行体制改革，七机部改为航天工业部。七机部第一研究院随即改称航天工业部第一研究院。

1964年11月

国防部五院第一分院改称第七机械工业部第一研究院。

1956年10月

国防部五院成立。院长钱学森，政委谷景生，下设8个研究室。

1957年11月16日

国防部五院第一分院成立。钱学森任院长兼第一分院院长，谷景生任副政治委员兼第一分院政治委员。

航天一院的历史沿革

航天一院绿化委员会机构组成

　　1982年，航天工业部第一研究院（航天一院）绿化委员会成立，由主管副院长任绿化委员会主任，行政保障部部长任副主任，各部、所、厂、站主管行政的领导为绿委成员，统一领导全院的绿化美化工作。绿化委员会下设办公室，协调全院绿化工作。各部、所、厂、站行政处均配备一名绿化助理员。多年来，全院形成了上下一致、齐抓共管绿化美化工作的良好局面。

航天一院绿化委员会成员

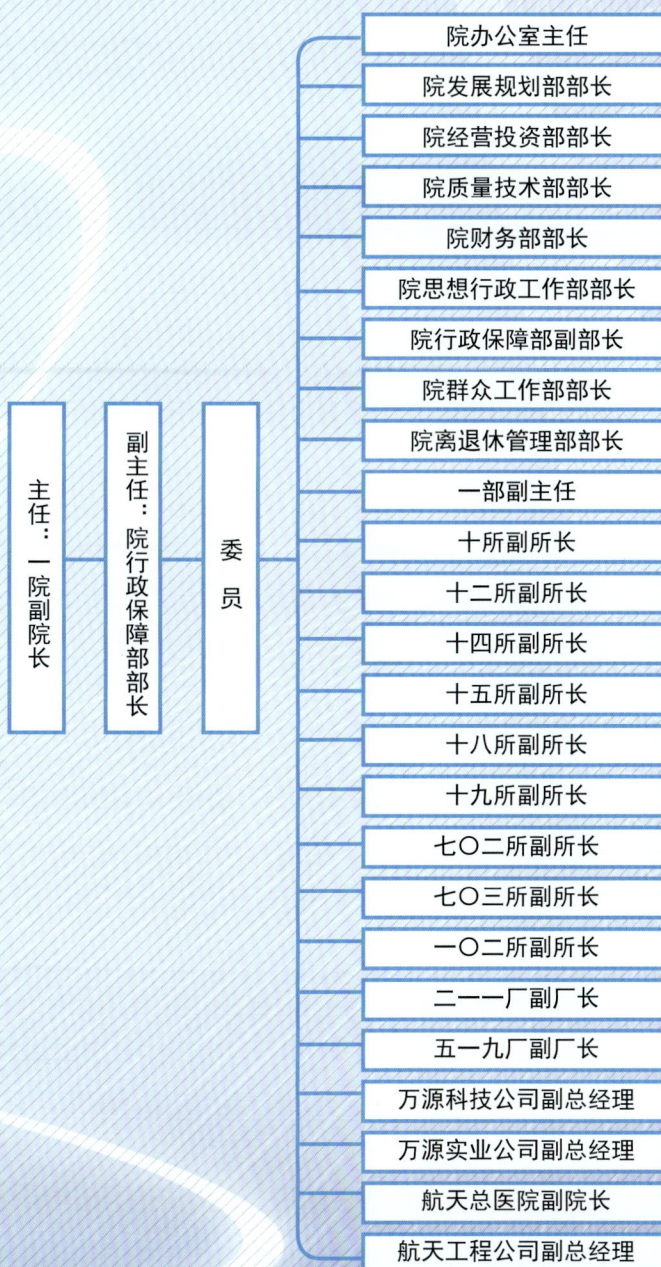

主任：一院副院长

副主任：院行政保障部部长

委员：

- 院办公室主任
- 院发展规划部部长
- 院经营投资部部长
- 院质量技术部部长
- 院财务部部长
- 院思想行政工作部部长
- 院行政保障部副部长
- 院群众工作部部长
- 院离退休管理部部长
- 一部副主任
- 十所副所长
- 十二所副所长
- 十四所副所长
- 十五所副所长
- 十八所副所长
- 十九所副所长
- 七〇二所副所长
- 七〇三所副所长
- 一〇二所副所长
- 二一一厂副厂长
- 五一九厂副厂长
- 万源科技公司副总经理
- 万源实业公司副总经理
- 航天总医院副院长
- 航天工程公司副总经理

播绿

植树兴绿建家园

（1956～1981年）

　　1956年，国务院决定成立以中央军委副主席、国务院副总理聂荣臻为主任，中央军委秘书长黄克诚和第二机械工业部部长赵尔陆为副主任，总参装备计划部部长安东为秘书长，钱学森等为委员的航空工业委员会。

　　1957年，国防部五院成立了一、二分院。一分院主要承担各类导弹总体设计和弹体、发动机的研制任务，驻地在现北京云岗附近。周恩来总理任命钱学森为国防部第五研究院院长兼第一分院院长，谷景生为国防部五院副政委兼第一分院政治委员。

　　1958年，中央决定将二机部所属、位于北京南苑的飞机修理试制厂（211厂）划归国防部五院作为试制导弹的总装厂。随后，航天一院整体搬迁至南苑地区，开启了建设新家园的工作。

　　南苑地区历史上曾是明清皇室狩猎的地方，民国时期为军营养马场，盐碱满地，荒芜一片。建院初期，航天一院环境恶劣，办公条件简陋。由于没有专门的绿化办公机构，绿化工作由院务房产处代管。

　　1959年，第一代航天人开始在南苑拆除老旧围墙，整治脏乱差的环境，在院区大力植树造林，改善院容院貌。在建设办公楼、住宅的同时，按照部队绿色营区的建设标准，在路的两旁种植了一排排笔直的行道树，树种以加杨居多。树木横平竖直，整齐划一，像站立着的一排排士兵。

　　1963年，新的家园工程建设完毕，院容院貌有了很大改观。进入院区，像进入学校校园

一样，房屋整洁，大树参天，绿树成荫，在当时中央国家机关各单位中，绿化出类拔萃。鸟瞰院内树木布局，呈"中国"字样。微风一吹，树叶"哗哗"作响。

航天人植树具有一股军队作风，横平竖直，成方成线，规规矩矩。第一批行政管理人员之中，相当一部分是直接从军队中抽调而来的各级指战员，他们带来了人民军队爱护环境、建绿色营区的优良传统，影响到后来人一同爱树、护树。当时在院区，凡发现有人在树上绑绳子晾衣服影响树木生长的，规劝其把晾衣绳撤掉。养花种树、爱护环境成为广大职工的生活习惯，全院植绿、爱绿、护绿浓厚氛围基本形成。

一院首任院长钱学森，是享誉世界的杰出科学家、中国航天事业的重要奠基人。他对园林绿化有独到的见解。早在1958年3月1日，他就在《人民日报》发表"不到园林怎知春色如许——谈园林学"文章，20世纪80年代又先后发表了"再谈园林学"和"园林艺术是我国创立的独立艺术部门"等文章。在钱学森眼中，"我国的园林学是祖国文化遗产里的一颗明珠"，"我们应该更广泛和更深刻地来考虑发展我国园林学的问题"。他将中国园林分为6个观赏层次，包括盆景艺术、园林里的窗景、庭院园林、风景名胜区、"从大自然的缩影到大自然的名山大川"及"小可以喻大，大也可以喻小"等。此外，他还提出对大城市的美化，要做到"让园林包围建筑，而不是建筑群中有几块绿地。应该用园林艺术来提高城市环境质量。"这些观点，至今仍受到园林学术界的高度推崇。

①绿化队党课学习留影
②集团公司领导检查绿化工作留影

自力更生绿家园

（1981～1991年）

1981年，五届全国人大四次会议通过了《关于开展全民义务植树运动的决议》，这是绿化祖国、治理山河、维护和改善生态环境的一项重大战略部署。七机部一院认真贯彻中共中央和北京市关于绿化工作指示精神以及部领导"两年改变一脏、二乱、三扰、四险的状况"的要求，努力整顿院容院貌，美化环境，要求有条件的单位要建设小花园或花池子。当年植树11827棵，种草坪6800平方米。

1982年是开展全民义务植树活动的第一年，七机部部长郑天翔在布置当年的工作重点时，提出了"大干八二年，五年实现园林化"的要求，院里的绿化美化工作被提到了日程上。航天一院定下了植树1.1万株、栽绿篱植物1万棵、草坪3200平方米的目标。院"爱委会"统一规划设计，购买树苗，要求加强树木栽后的管护工作，确保栽下的棵棵树苗成活成林，不受破坏。还要求院职工每人年内从事绿化劳动的时间不少于50小时。同年3月，院里下达了《关于成立院绿化委员会的通知》，一院的绿化委员会应运而生，办公室设在院务部房产处。

1983年，院绿化委员会办事机构正式成立，全院绿化工作步入快速发展新阶段。但在绿化办屈指可数的几个人中，没有一位学过园林专业，也没有一位干过园林工作的。这对于急需大干快上的绿化工作现实而言，困难重重。为尽快组建院绿化队伍，院务部根据院里要求，从各部、所、院抽调了12名工人充实院绿化工作队伍。

1984年，面对绿化工作量大、节奏快、工作人员不熟悉工作细节等困难，院里开展摸底调查

①桃园花园
②中心花园
③六营门花园

工作，由于工作量繁重，更是请来家属帮忙。绿化人员从零开始学习绿化知识，了解苗木品种，学习园林设计，去外单位学习先进绿化经验，引进先进的绿化树种。依靠从维修队借来的挖土机和一辆130汽车，全院的绿化工作开始步入正轨。

1985年时，院里还没有成规模的公园。为解决这一实际问题，一院邀请石景山区园林局帮助规划设计，投资9万元，建设了第一座花园——中心花园。同时，还建设并绿化了两条路：万源中路主要以玫瑰、落叶树为主；万源路主要以常青树为主。这一年，因绿化工作突出，航天一院被航天部评为"绿化先进单位"。

1985～1991年，当时航天一院着力引进人才，扩大技术队伍，调入林学专业人员1名，招收园林中专生2名、园林本科生2名，同时还调入几名行政管理人员，送1名学生去北京林业大学学古建设计，创造条件，不断提高技术员业务水平，提升了工程质量和速度。

在施工中，技术人员亲临现场，和工人一起整地、栽植、养护，掌握基本施工知识和操作方法。在动用大型机械进行树苗大土球包装、吊运、栽植以及安全系数较低的施工时，要求技术人员从头至尾了解工作要领，掌握操作方法及处理问题的方法。解决技能的另一个途径是积极参加国内、市内、部内组织的专业活动，如绿化现场会、博览会和盆景展览等。

1987年，为改善居民区的环境，航天一院坚持高标准建设、高标准施工，营造了六营门花园等一批有特色的公园。由于资金有限，绿化遵循突出重点、统筹兼顾的思路，重点以道路绿

万源南路

化为主，因地制宜建设了假山、亭台楼阁和水榭等。

1988年，航天一院荣获了"全国绿化先进单位"的称号。从当年起，全院每年春秋两季分别开展一次大规模的绿化检查，督促院里绿化工作的开展。这一举措成功带动了各个兄弟单位绿化工作的发展。

1989年，从长远发展角度考虑，一院决定在桃源小区建"桃园花园"。当时很多人对建花园不理解，说现在房子那么缺，如果这么大片地盖楼，得解决多少宿舍啊。当时分管领导的压力非常大，后来还是顶着压力坚持做了下来。当桃园花园优美的景观呈现在人们面前时，人们都纷纷赞不绝口。这一年，桃源里小区被评为北京市十大文明小区和花园式小区，当年的北京市园林绿化现场会就是在这里召开的。如今的桃园花园，是小区居民休闲健身的好去处。

绿化养护工作是航天绿化工作的根基，花大力气建起来的绿地，只有养护好、管好，杜绝病虫害，不断提高养护水平，才能让大家更好地生活在美好的环境中。为此，院绿化委员会提出，全院所有树木，不经上级业务机关批准，任何单位和个人都不得随意砍伐；凡是规划中的绿化用地，不得盖房或做其他用途，对于乱占绿地的现象必须坚决制止。

航天一院绿化工作抓得实，领导重视，管护到位，奖惩措施到位，走在了北京市庭院绿化的前列。1991年，北京市领导和各绿委办负责人来航天一院检查工作时，题词"金玉其内，败絮其外"，对全院的绿化美化给予了充分肯定。

转换机制闯市场

（1992～2005年）

进入20世纪90年代，航天绿化人在完成全院绿化建设、养护任务的情况下，开始走出院区为社会服务。在院领导的支持下，绿化队不等不靠、转换机制，走向市场，进入自我发展、自负盈亏的阶段。

1992年，航天一院按照绿化管护建设工程量下拨专项经费32万元。那时绿化队有9个人，所有工作大家一起干，夏天进行绿地养护，冬天打扫卫生，包括队长、副队长在内的所有人都一起清理绿地内的垃圾，保证管护区内的整洁。但仅有的经费，无论怎么精打细算，都捉襟见肘。于是绿化队自己开起了花店，从南方市场购进花卉在店中卖，以此为基础开始了自谋生路的探索。

一院陆续进行的大环境改造、改建、治理环境"脏乱差"行动，为绿化队提供了参与市场竞争的发展机会。东营房花园所在地是一片平房，1994年，院领导决定拆除原有平房盖楼房，并进行配套绿化。接受任务后，绿化队所有人都动了起来。自己查资料，现场勘测，手工设计绘图，反复修改，最终得到院里批准。接下来，他们备苗木，栽植管护，干得热火朝天，对于自己承接的绿化工程施工精益求精，倾注了大量心血，按时间节点高质量完成了绿化任务。

绿化队是事业单位，实行的是市场化管理，只能不断理顺机制，才能完成任务并得以发展。1994年后，绿化队不但能自己挣钱养活自己，而且还能上缴利润。

1998年，航天万源实业公司要求绿化队每年完成100万元的任务，须上缴利润5万～10万元。不挣钱就没有出路，无法生存。只有走出去，去外面争取市场，才能有生存的空间。于是，2001年，航天一院正式组建成立了北京市航天万源园林环境绿化工程有限公司，开始走

①梅园花园
②东营房花园
③航天中学绿地
④厂办花园

向市场，完成了由内向外的转型。

对于公司来说，院内的绿化养护、绿化施工不难做，不够完善的地方还有改正的机会，但走上市场，参与绿化市场竞争，其压力远不是想象中的那样。但航天人有一种精神，那就是自力更生，努力拼搏，依靠自己的双手闯出一片天地。公司刚成立时做的最大、最早的工程是玲珑花园绿化工程，建成后喷泉、水系、园林小品相得益彰，效果非常好。此后，公司逐渐承接系统内外的绿化施工，并在发展过程中，逐步提高园林施工资质，所承揽绿化施工、养护工程也得到了社会的认可。

2003年，院里投资30多万元增加梅源生活区绿化面积，进一步改善生活区环境。绿化公司接受任务后，经过不懈努力，让这里发生了新的变化：建筑群落简约流畅，亭台楼榭典雅，绿树成荫，花草繁茂，梅源小区变得更加美丽、温馨、可爱。

在进行北京市航天中学绿化项目时，万源绿化公司结合学校"呼唤绿色，热爱自然"的办学理念，自行设计、栽植、养护建成的绿地面积达8000多平方米，校园绿化覆盖率达到了45%，校内绿树成荫，空气清爽洁净，给学生生活学习创造了一个良好的环境。

经过十几年的探索，航天万源绿化公司不断发展壮大，由最初只有几个人的绿化队发展成集园林景观设计与施工、绿地养护、绿植租摆、花坛设计摆放为一体的综合性园林企业。不但出色地承担了航天一院所有的绿化设计、施工、养护任务，同时对外承接工程，锻炼队伍，走出了一条可持续发展之路，为全院绿化养护工作向高标准、高水平方向发展提供了保障。"十五"期间，绿化公司圆满地完成了全院每年的绿化设计、施工以及绿地养护、重大节日摆花任务，累计实现收入3067.87万元。

提质拓绿建精品

　　历经多年发展，航天一院的绿化美化工作取得了令人瞩目的成绩。2006年，全国绿化委员会授予航天一院"全国绿化模范单位"荣誉称号，此奖项为国内绿化行业的最高奖项。这既是对航天绿化工作、生态建设的肯定，更是航天绿化事业发展的动力。"十一五"期间，如何创造出文化氛围浓厚、国际一流的公司环境，以提升企业外部形象，增强航天人必胜的工作信念，成为了航天一院绿化工作的重点。

　　这期间，神箭景观园、168#建筑、169#建筑、动力管线入地、科研指挥大楼、万源西里危改一二期、老年活动中心公园、综合广场地面以及屋顶花园、东高地居住区改造、东营房公园改造、桃园花园改造、六营门公园木栈道园林建设工程、文化广场舞台及雕塑建设工程等的实施，使航天一院整体绿化水平又上了一个新台阶。尤其是神箭景观园的建成可称为体现航天文化的园林绿化亮点。

　　神箭景观园面积1.68万平方米，2008年建成，是航天一院为庆祝建院50周年而倾力打造的一处标志性景观，景观园中轴线与天坛祈年殿中轴线重合，由此引申出整个神箭

景观园的设计理念：古人祭天，今人登天。景观园把一院50年的辉煌和后续发展的理念完美地融入园林景观设计中，以院办大楼为开端，用一条时间轴线串联起由北向南布置的3个体现航天文化的节点，分别代表了航天事业的起源、发展、未来，象征着中国航天长征路上的3个重要的里程。

北部以静水涌泉的形式象征航天的起源，水池尽端，以缓坡草坪和浮雕矮墙将地形逐级抬升，将游人视线引向泰山石广场，并抬升至广阔的蓝天，象征着航天事业的发展前途光明，蒸蒸日上。草坡上的浮雕矮墙记载了火箭发展史上的历史人物并展示文化。绿地北端最高点设一尊重160吨、高3.5米的泰山石，象征航天事业"保家卫国责任重如泰山"。

中部是整个景观带中最重要的节点，再现了1949年新中国成立后，独立自主地开展航天活动，于1970年成功地研制并发射了第一颗人造地球卫星，并实现"两弹一星"和载人航天这段历史。广场中央主体雕塑高耸入云，代表航天事业一

①建设美好家园造型花坛
②改造提升后的西里5#—8#绿地
③神箭景观园建造前地貌
④建成后的神箭景观园
⑤文化广场绿地
⑥科研区秋色

飞冲天。广场周围12根5米高的景柱按照时间顺序雕刻航天一院建院50年中具有历史意义的50件大事，每根景柱上下均以中国传统纹案——云纹作为背景，形成景柱整体图案旋转上升的效果，象征航天事业的不断发展与进取。广场周边栽种的100棵银杏代表100次发射，每棵银杏树底以翻开日历的形式，在石质纪实碑上以文字雕刻的手法记录中国航天100次发射的基本内容，也象征着50年来，中国航天事业从无到有、从小到大、从弱到强，走出了一条具有鲜明中国特色的发展道路。

南端景观大道的主入口广场，由弧形浮雕墙围合，墙上的浮雕图案表现一院在祖国航天事业的发展中已取得的成就以及未来的发展蓝图，象征一院肩负强大国防和振兴民族的历史重任，担负着"引领航天、追求卓越"的使命。作品以飘带贯穿形成流动性线条，象征祖国航天事业永不停歇的脚步，同时也象征着一院为探索宇宙奥秘，和平开发利用宇宙空间，造福全人类做出的努力与展望。

神箭景观园把雕塑、水体、柱廊、广场、观景平台、树木花草和周围建筑完美融合，浓缩了一院辉煌的历史，承载着航天人对美好未来的寄托，为航天一院绿地赋予了更深刻的内涵，从而成为航天园林绿化的经典之作。

航天一院绿化人在多年的发展中，注重园林工程项目的设计能力，力求用扎实的专业技术打造更多的园林精品，并开始在更多更广的领域探索研究新的绿化美化景观。2008年，在航天万源休闲广场6层青年公寓楼顶大胆尝试，建成了面积达2130平方米一南一北两个屋顶花园。

屋顶花园设计以"清新自然、简洁实用"为原则，充分利用地形设计并结合各类园林小品以增加立面景观错落的层次感。在施工过程中尝试了很多新的材料和技术：为了减轻屋面的荷载采用了屋顶花园专用的轻型基质——保绿素，屋面的基质平均厚度保持在25厘米左右。屋顶花园防水施工中采用了一道3毫米厚PE膜面Soprema防水卷材和一道4毫米厚页岩面Soprema耐根穿刺防水卷材，而这两种防水卷材也正是北京奥运场馆鸟巢防水施工所选用的材料。为解决屋面的排水问题，在做屋面绿地围挡时每隔1.5～1.8米的位置就放置一个直径2.5厘米、长6厘米的PVC管，同时，在有木质平台和广场的位置上预埋了通向雨水口的排水管。

两个屋顶花园各有特色：南屋面以植物造景为主，丰富的植物随季节不同，色彩纷呈；北屋

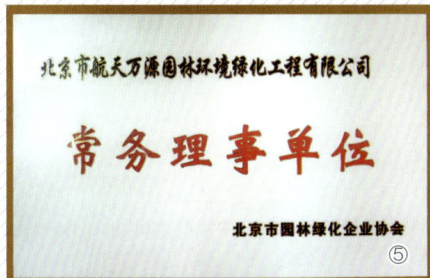

①屋顶花园一角
②万源东里改造前
③万源东里改造后
④北京屋顶绿化优质工程奖牌
⑤北京市园林绿化企业协会理事单位牌
⑥天津大运载火箭基地绿化

面以建筑小品为特色，以防腐木为主材建成的玲珑精致的小桥、舒适的廊架、做工精细的木平台、木格栅，配合植物的种植让这里显得更加异彩缤纷。屋顶花园被北京市园林绿化局、北京市园林绿化企业协会评为2009年度优质工程。

为进一步提升航天园林绿化专业化水平，2009年，航天一院专门修订了《绿化实施管理办法》，要求园林绿化设计、施工、预算等按行业标准去做，扎扎实实地做好绿化美化工作。同时，积极鼓励绿化公司走出去，参加行业协会，开拓眼界，与行业接轨，不断提升市场竞争力。2010年，航天万源园林环境绿化工程公司获得了"北京市园林绿化企业协会理事单位"称号。

"十二五"期间，航天一院明确了以实现"市场化转型和二次创业"为标志的总体战略规划思路，确定了铸造国际

绿色航天 美丽家园

一流宇航公司的发展目标。为树立走向国际的航天企业形象，充分展示航天一院文化，持续推进美好家园建设，一院在绿化美化工作上进一步做好规划设计与管理工作，赋予绿化美化以深刻的内涵，通过提升航天一院绿化美化水平，逐步建设与国际一流宇航公司相协调的工作与生活环境。

为实现"科研区花园化，生活区公园化"的绿化规划目标，2012年，航天一院启动了园林绿化改造提升工作，改造的范围涉及科研区的玉兰大道，生活区的万源中路道路两侧绿地及万源路道路两侧绿地、文化广场二期、老年活动中心绿地、危改一期、危改二期各楼间绿地，改造绿地面积5万平方米。

在绿化工程施工中，要求将原有的杂树进行清理，对原有大树进行整形修剪；将原有的九格砖园路按照设计要求改造成花岗岩、透水砖园路及塑胶跑道；通过地形的变化及花池挡土墙的应用塑造不同的园林空间；增设儿童活动场地、老年活动场地、廊架休息区、"小有天"名亭、自行车停车区等；增加彩叶及开花的植物和地被植物，丰富绿地色彩，配置自然山石画龙点睛。

2012年12月，位于天津经济技术开发区西区的新一代运载火箭产业化基地研制生产区景观工程项目开工建设，总面积达到114.5万平方米。建设内容包括园林铺装、水系景观、排盐换土、绿化种植、景观照明、雕塑小品、园林给排水等方面。历时620天的艰苦奋战，项目最终顺利通过验收。项目中央景观带以热情迎宾、居寰筹宇、剑舞苍穹为主题，划分为3个景区，胜似太空信步，体现航天人艰苦卓绝的奋斗精神。项目建设施工中，面对盐滩绿化存在的施工技术难题、次生盐渍化严重等问题，院里要求绿化公司始终把科技研发放在首位，通过分析天津火箭基地的自然条件与土壤盐碱化的关系，从植物选择配置、土壤改良工程措施选择、植物种植技术、后期养护管理、盐碱土改良绿化效果检验评价等多方面进行实践，探索出适合本基地盐碱土改良绿化的综合措施，为航天产品的研制和

①万源西里45#北侧花园
②万源西里5#-8#绿地
③桃园花园

生产做出环境保障，也为具有同样和类似土壤条件的滨海盐碱土改良绿化提供技术支持，为更好的开展盐碱土改良绿化提供科学依据。

为更好地服务于航天一院的绿化美化事业，"十二五"期间，航天绿化人在高质量完成院内绿化任务的同时，积极参与院外绿化市场的竞争，先后承揽了西安航天城项目、北京大兴平原造林工程、大连航天科研实验保障中心项目等，在市场大潮中不断锻炼队伍，绿化施工、养护、设计能力持续提升，市场影响力不断扩大。目前，航天万源绿化公司已从最初只会种树种花的施工队，发展到现在可以做土（木）建（筑）、做景观和照明设计，成为拥有一级资质年完成5000万市场份额的城市园林绿化施工企业，完全走上了多元化、专业化、经济化的良性发展轨道。同时为航天园林绿化事业的发展，为美好家园建设提供了坚实的保障。

兴林护绿尽义务

1981年12月13日，五届全国人大四次会议通过了《关于开展全民义务植树运动的决议》，全国各地、各部门、各系统积极行动，全民义务植树活动蓬勃兴起。航天人把义务植树、绿化国土当做自己的社会责任，于1984年率先奔赴北京大兴六合庄，在永定河故道上开辟义务植树基地，打响了旷日持久的绿化攻坚战。

30多年前的永定河古河滩黄沙弥漫，狂风肆虐，沙质土壤蓄水能力极差，不适合树木的生长。为了种活树，航天一院当年投入200多万元，换土、铺地膜，引入了"小美旱"杨树，打井、架线、敷设管线、引水浇灌幼苗，多种措施齐下，保证植树成活。全院1.5万员工参与了义务植树基地的建设，并由此拉开了30多年义务植树工作的帷幕。此后，为了绿化这片荒滩，航天人不畏艰险，年复一年，日复一日，凭着一股韧劲，硬是让昔日的荒沙滩披上了绿装，为首都北京筑起一道绿色防风屏障。

如今的六合庄，一改当年黄沙漫天飞的景象，到处林木青葱，景色怡人，品

种繁多的树木绿意浓厚，花灌木错落有致、妩媚多姿。盛夏时节，久居闹市的人们，步入这浓荫凉爽的林间，走在蜿蜒的小路上，尽享宁静、祥和的生活乐趣。

六合庄义务植树基地只是航天一院开展义务植树、进行绿化实践的一个缩影。在中央国家机关绿委办、大兴区绿委办的帮助指导下，航天一院30多年间，分别在大兴区六合庄、埝坛、礼贤及芦城建立了4个义

①六合庄义务植树基地
②1984 年六合庄基地义务植树现场
③六合庄义务植树基地纪念碑
④埝坛水库植树基地植树留影纪念

绿色航天 美丽家园

务植树基地，养护林地约6500亩、树木140多万株，每年还完成新栽树1万株的任务量，苗木的成活率高达95%。航天人以自己的执著追求，为首都义务植树、绿化美化作出了自己的贡献，取得了辉煌的成绩，抒写了独具特色的绿色篇章。2002年、2005年，航天一院两次获得由北京市人民政府和首都绿化委员会颁发的"首都全民义务植树先进单位"荣誉奖牌。

2008年，航天一院积极响应首都绿化委员会在全市开展的"城乡手拉手、共建新农村"活动号召，在国管局绿委及集团公司的指导下，在大兴区绿化办的协调帮助下，与礼贤镇黎明村结成了"手拉手"对口村。在随后的几年中，全院投资30万元，不但为黎明村进行了绿化规划设计，还提供了胸径10厘米以上的柳树600株、桃树400株、葡萄苗1100株、木槿400株、连翘1100株，胸径20厘米以上的法桐1170株，以及其他优良品种苗木，总数达到了5600余株。"手拉手"共建活动，大大改善了黎明村的生态环境，使村庄绿化率达到了50%以上。如今的黎明村拥有5000平方米的街心花园，栽有乔木、花灌木等数十种植物，10余条村道两侧行道树郁郁葱葱，绿树、草坪、鲜花、山石共同打造的环境空间，为村民们提供了良好的休憩场所，基本实现了村庄花园化、道路林荫化、农田林网化的目标，被北京市评为"绿化先进村"。

航天一院30多年矢志不渝、持之以恒地开展义务植树和庭院绿化美化工作，取得了丰硕的成果。2006年，被评为"全国绿化模范单位"荣誉称号，并于2010年、2015年两次通过了"全国绿化模范单位"五年一度的绿化工作复查，并获得了极高评价：航天一院的义务植树工作是国家各机关单位学习的典范，航天一院领导对义务植树工作的重视程度在国家机关各单位中首屈一指。

航天一院的绿化工作成绩离不开院领导的关心支持。历届院党委书记、院长非常重视义务

植树工作，经常过问、听取义务植树工作汇报，在每年的义务植树日都率先垂范，参加植树活动，并召开专题工作会议，亲自设定植树规划，对义务植树提出更高标准要求，亲临现场督促检查义务植树工作。主管行政工作的副院长主抓义务植树工作，院行政保障部主管绿化工作，始终把义务植树工作列入重要工作日程。为搞好义务植树工作，院里进一步充实了绿化委员会，并加强了由绿化委员会下设的专职绿化办公室的工作职责。全院每个部（所、厂）都有一名副所（厂）长主抓绿化工作，并配备有一名专职绿化助理员。院里坚持建立义务植树登记卡制度，实现了义务植树基地化、管理规范化、检查验收标准化，每年用于义务植树的投资达50万元。院里对各单位以规划地块为准，确定了各自的义务植树地块，并与各单位签订义务植树责任书，对完成情况登记造卡，严格核查各单位尽职尽责率。此外，院里进一步扩充了专业绿化队伍，全年从事专业的绿化美化养护工作。

为持续做好义务植树工作，院里每年都有规划性的投入义务植树专款，在与各部（所、厂）签订绿化工作责任书中明确规定义务植树的任务量和考核标准，每年进行检查验收，并依照责任书内的标准进行奖罚。航天一院"十一五"绿化规划及"十二五"绿化规划中，对六合庄及垵坛义务植树区进行了郊野公园化的规划设计。全院的义务植树及浇水、施肥、修剪、打药等绿化管护工作也有专门的流程和作业指导书。多年来全院的生活区、科研区及大兴义务植树区从未发生重大滥砍乱伐林木、侵占破坏绿地的现象，也无重大火灾和有害生物灾害的发生。

时至今日，航天一院已经连续31年坚持开展义务植树工作，并连续29年保持"全国绿化先进单位"称号。

①六合庄义务植树基地
②礼贤镇义务植树基地
③礼贤镇黎明村

景观

园林景观

从单一的植物种植，到绿化、美化、彩化；从见缝插绿，到规划建绿；从平面绿化，到立体绿化，航天一院人历经50多年的艰苦播绿和辛勤耕耘，一改建院初期黄土裸露、风吹沙扬的面貌，呈现给世人一个花团锦簇、翠色浓郁的绿色庭院。

这里环境优美，空气清新；这里绿意盎然，人与自然和谐。漫步科研区、生活区，丰富多彩的花草树木和园林小品营造出的优美景观，随处可见，梅园、桃园、菊园、竹园……一个个承载航天文化精神的精品园林令人流连忘返。

中心花园

　　中心花园位于航天一院生活区最为核心的地段，是生活区所有花园中人流最为密集的地方。花园的后身为钱学森青少年科技馆和一院老年活动中心。花园最初兴建于1984年，面积6973平方米。2012年绿化公司对中心花园以及老干部活动中心前绿地进行了绿化提升苗木补种。为使中心花园水池更加富有活力，还在水池西南角与中间小岛处用假山石制作了汀步，人们散步的时候可以从上面走过。走在中心花园的园路上，人们可以尽情欣赏绿地中的多彩植物；穿过水池汀步，垂柳与池中水生植物的相映成趣，充满了生机与活力。

六营门花园

六营门花园位于六营门小区内，建成于1987年，面积5117平方米。花园内的花草树木与亭台、景石、铁艺围栏、环形木栈道相配合，围合成一个相对安静的空间，为小区内的居民提供了一处茶余饭后放松心情的休憩地。

桃园

桃园位于万源南里小区内，面积1.27万平方米，1988年投资建设，1989年建成，并被纳入北京市花园管理体系。这里繁花似锦，绿茵常在；这里小桥流水，碧波涟涟；这里曲径通幽，鸟语花香。徜徉于湖畔小径，听竹林耳语、湖水叮咚，看绿柳拂波、紫藤悄然爬上屋顶，心灵便获得一种舒适与宁静。

东营房花园
（南里花园）

东营房花园位于桃源里小区内，1995年建成，面积6079平方米。花园植物品种丰富，高大的乔木和低矮的灌木错落有致，夏日里为人们送去绿荫，带来清爽和凉意。在绿化管护中，院里引种栽植了彩色地被和宿根花卉，使这里形成了一个特色草木园。

梅园

梅园位于梅源生活区内，1999年建成，面积7748平方米。漫步在小区内，不论清晨还是傍晚，不论艳阳高照还是阴雨霏霏，都别有一番情趣。这里早在1999年度就被北京市园林局授予绿化养护一级小区。2003年，院里投资30多万元进行绿化提升，增加绿化面积，改善这里的人文环境。如今居住在这里的人们都有这种感觉：生活区环境真的变了，变得美丽、温馨、可爱了！建筑群落简约流畅；亭台楼榭，绿树成荫。置身其中，仿佛走进绿的世界，花的海洋。

文化广场

　　文化广场2002年建成，面积1.82万平方米，以欧陆风情和森林翠园为特色，给渴求宁静的心灵创造了一方净土。这里，四季常青，绿草如茵，鸟语花香；这里运动与休闲相结合、园林与水系相辉映，千姿百态的花草树木，幽雅别致的园林小品，"虽由人做，宛自天成"。文化广场早已成为了航天人精神生活的一部分。

菊园

菊园与梅园遥相呼应，具有欧式建筑风格，充满异域风情。菊园绿化着力于铸造简约整洁、窗窗有景的建筑新空间，绿化面积3.27万平方米，融优势户型和景观精粹于一身，于细微处构造出"人本主义"的高雅格调和意境。园林小品清新典雅，植被丰富多彩，充满自然情趣。

竹园

一抹抹葱郁的绿色把竹源生活区装点得生机勃勃。漫步在园区，满眼绿韵，白桦树、七叶树、梓树等傲然勃发，与花、草配合，营造出赏心悦目的美景。竹园花园内，蝙蝠图案的卵石铺装配合蝙蝠型水池营造了"五福临门"的景观效果，而选用中华名亭中的望瑞亭、见春亭、锦秋亭等建在园区，也为生活在这里的人们提供了歇荫纳凉的好去处。

竹源小区绿化总面积3.15万平方米，绿化施工分两期完成，一期绿化2007年完成，二期绿化2010年完成。如今的竹源小区已成为一处"小而精、小而特、小而美"的生态绿洲型社区。

屋顶花园

最是花香惹人怜，满架藤萝一院香。在航天万源休闲广场6层青年公寓顶，2138平方米的屋顶花园是一院在园林绿化领域的新尝试。

屋顶花园的设计秉承"清新自然、简洁实用"的原则，充分利用地形设计，并结合各类园林小品以增加立面景观错落的层次感。园林施工中尝试采用了保绿素等很多新的材料和技术。2008年，屋顶花园建成后，南北两个屋顶花园各具特色：南屋面以植物造景为主，丰富多彩的植物随着季节的变化，让人们感受着大自然不同的美；北屋面以建筑小品为特色，以防腐木为主材建成的玲珑精致的小桥，雅致舒适的廊架，做工精细的木平台、木格栅，配合绿色植物让这里异彩缤纷。

神箭景观园

　　神箭景观园2008年竣工，面积1.68万平方米，位于贯穿一院办公楼的北京市中轴线上，是航天一院院内又一处标志性景观。景观园采用中轴对称结构，将生态、景观、休闲和文化内涵融为一体，以3个象征群充分实现了雕塑、水体、柱廊、广场、观景平台、树木花草和周围建筑的完美融合，既满足了人们领略自然环境、放松休闲的要求，又满足了人们精神层面的需要。这个融汇着一院辉煌历史和美好未来的精美人文山水园林，已经成为科研区内一处重要的休闲场所。

新一代运载火箭
产业化基地
景观绿化项目

　　新一代运载火箭产业化基地景观绿化项目位于天津经济技术开发区西区，园区总面积114.5万多平方米，2014年6月建成。该项目中央景观带设计以热情迎宾、居寰筹宇、剑舞苍穹为主题，划分为3个景区，体现了航天人艰苦卓绝的奋斗精神。项目实施过程中，公司始终把科技研发放在首位，多方实践，探索适合本基地盐碱土改良绿化的综合措施，不但为航天产品的研制和生产提供了环境保障，也为具有同样和类似土壤条件的滨海盐碱土改良绿化提供了技术支持和科学依据。

特色植物

在中国运载火箭技术研究院，能够欣赏的不仅仅是雪松、银杏、梧桐等，还有3月的玉兰、4月的桃花、5月的牡丹、6月的月季，更有垂丝海棠、西府海棠、北京丁香等。此外还特别引进了红豆杉等特色植物品种。一年四季，院里的树木见证着生命的轮回，此处花谢彼处花开。

古树名木是院老一辈航天工作者留下来重要的物种资源和珍贵的生态遗产，是院之瑰宝，是历史的见证，具有重要的历史和文化价值。为保护好绿地的管理范围内的大龄树木，据院有关部门的规定，将现有的1803株树进行了分级，其中一级古树名木92棵，二级古树名木1711棵。

古 树 名 木

刺槐

编号：ⅠQ201402001

科属：豆科刺槐属

拉丁学名：*Robinia pseudoacacia* L.

胸径：108cm

树龄：约103年

别称：洋槐

生长习性：有一定的抗旱能力。喜土层深厚、肥沃、疏松、湿润的壤土、沙质壤土、沙土或黏壤土。喜光，不耐庇荫。萌芽力和根蘖性都很强。

主要价值：刺槐对二氧化硫、氯气、光化学烟雾等的抗性较强，还有较强的吸收铅蒸气的能力。根部的根瘤有提高地力之效。刺槐生长迅速，木材坚韧，纹理细致，有弹性，耐水湿，抗腐朽，是重要的速生用材树种。可供建筑、枕木、车辆、农具用材；叶含粗蛋白，可做饲料；花是优良的蜜源植物；种子榨油供做肥皂及油漆原料。

位置：原210厂院内

油松

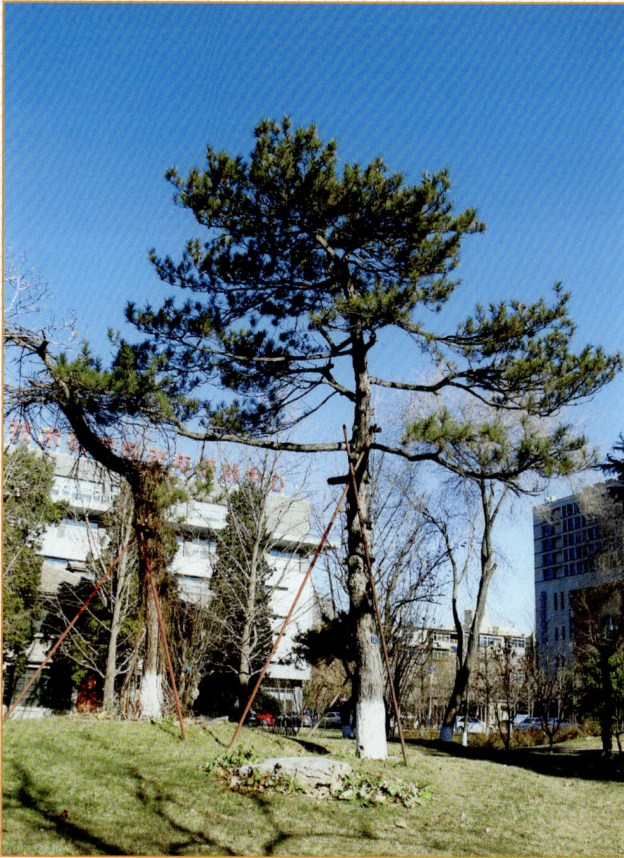

位置：万源西里将军楼南侧

编号：ⅠQ201416002

科属：松科松属

拉丁学名：*Pinus tabuliformis* Carrière

胸径：45cm

树龄：近100年

生长习性：油松为喜光、深根性树种，喜干冷气候，在土层深厚、排水良好的酸性、中性或钙质黄土上均能生长良好。

主要价值：油松树干挺拔苍劲，茁壮生长，四季常春，不畏风雪严寒。独立的个体姿态非常优美。木材富含松脂，耐腐，适作建筑、家具、枕木、矿柱、电杆、人造纤维等用材。树干可割取松脂，提取松节油，树皮可提取栲胶，松节、针叶及花粉可入药，亦可采松脂供工业用。

雪松

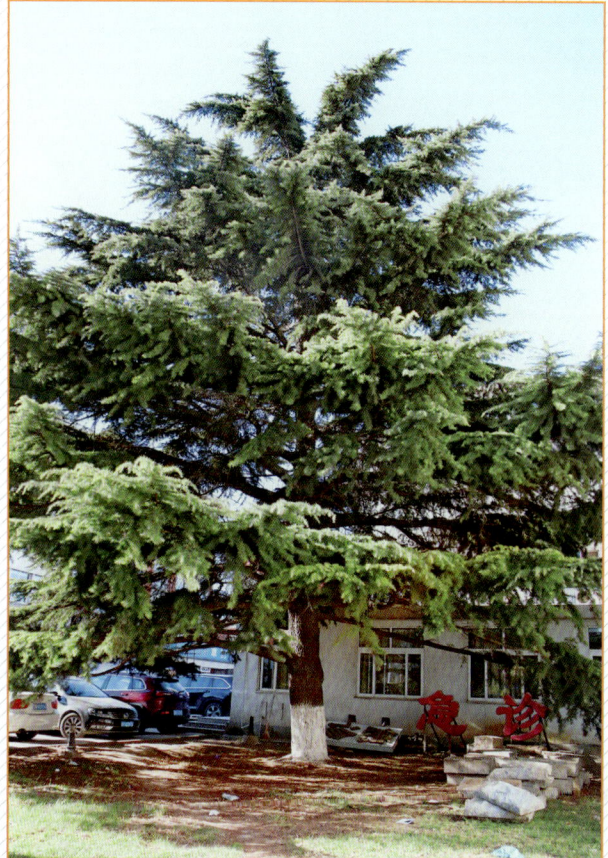

位置：711医院

编号：ⅠQ201414002

科属：松科雪松属

拉丁学名：*Cedrus deodara* (Roxb.) G. Don

胸径：65cm

树龄：约80年

别称：香柏、宝塔松、番柏、喜马拉雅山雪松

生长习性：在气候温和凉润、土层深厚排水良好的酸性土壤上生长旺盛。喜阳光充足，也稍耐阴。主要分布于我国的长江中下游一带。

主要价值：雪松是世界著名的庭园观赏树种之一。它具有较强的防尘、减噪与杀菌能力，也适宜作工矿企业绿化树种。雪松木材轻软，具树脂，不易受潮，是一种重要的建筑用材。

-------------------- 银杏 --------------------   -------------------- 桧柏 --------------------

位置：186锅炉房院内

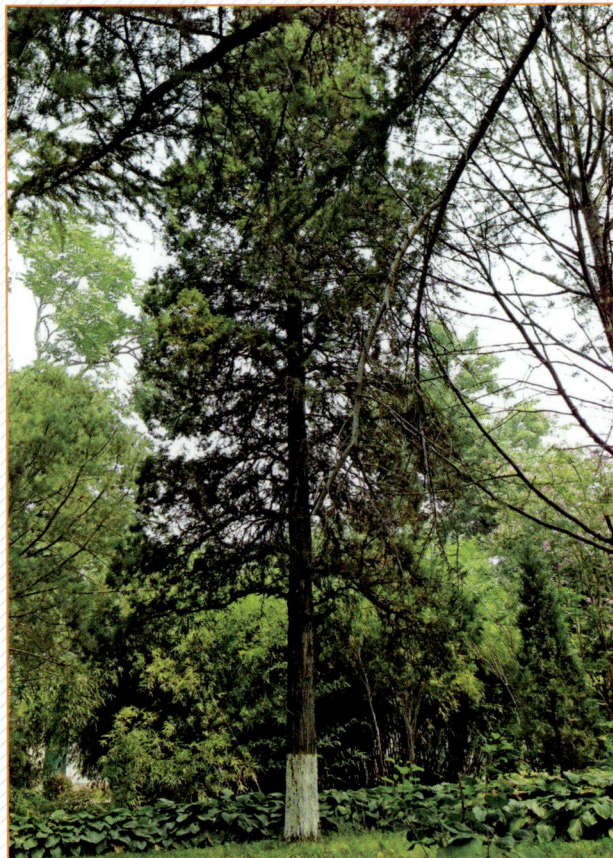

位置：211厂办花园

编号：ⅠQ201409001

科属：银杏科银杏属

拉丁学名：*Ginkgo biloba* L.

胸径：70cm

树龄：约60年

别名：白果、公孙树、鸭脚树、蒲扇

生长习性：银杏喜欢生长于酸性（pH5～5.5）的土壤中，不耐积水之地，较能耐旱，在过于干燥处及多石山坡或低湿之地生长不良。

主要价值：银杏树是北京地区名贵的秋季彩叶树种之一。例如，北京潭柘寺庭院中央的"帝王树"和"配王树"树龄都在1000年以上。生长较慢，寿命极长，自然条件下从栽种到结果要20多年，40年后才能大量结果，因此别名"公孙树"，有"公种而孙得食"的含义，是树中的老寿星。古称"白果"。银杏树具有欣赏、经济、药用价值。

编号：ⅠQ201418001

科属：柏科桧柏属

拉丁学名：*Sabina chinensis*（L.）Ant.

胸径：36.7cm

树龄：约50年

别名：黄柏、香柏、扁柏、扁桧、香树、香柯树

生长习性：喜光，幼时稍耐阴，适应性强，对土壤要求不严，在酸性、中性、石灰性和轻盐碱土壤中均可生长。耐干旱瘠薄，萌芽能力强，耐寒力中等，耐强太阳光照射，耐高温、浅根性，抗风能力较弱。

主要价值：可用于行道、亭园、大门两侧、绿地周围、路边花坛及墙垣内外，均极美观。小苗可做绿篱，隔离带围墙点缀。在城市绿化中是常用的植物，桧柏对污浊空气具有很强的耐力，夏绿冬青，不遮光线，不碍视野，尤其在雪中更显生机。

垂丝海棠

位置：万源西里将军楼南侧

白皮松

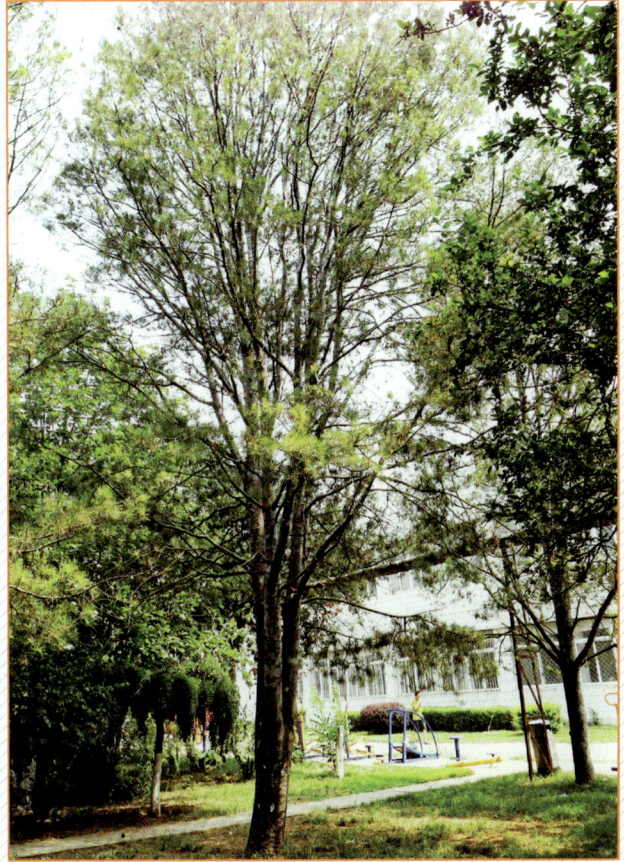

位置：211厂办花园

编号： I G201401001

科属：蔷薇科苹果属

拉丁学名：*Malus halliana* Koehne

胸径：53.5cm

树龄：约50年

生长习性：垂丝海棠性喜阳光，不耐阴，也不甚耐寒，喜温暖湿润环境，适生于阳光充足、背风之处。对土壤要求不严，微酸或微碱性土壤均可成长。

主要价值：海棠种类繁多，树形多样，叶茂花繁，丰盈娇艳，可装点园林。明代《群芳谱》记载：海棠有四品，皆木本。这四品指的是：西府海棠、垂丝海棠、木瓜海棠和贴梗海棠。

编号： I Q201415001

科属：松科松属

拉丁学名：*Pinus bungeana* Zucc.

胸径：41cm

树龄：约45年

别名：白骨松、三针松、白果松、虎皮松、蟠龙松

生长习性：喜光树种，耐瘠薄土壤及较干冷的气候，在气候温凉、土层深厚、肥润的钙质土和黄土上生长良好。为中国特有树种。

主要价值：树姿优美，树皮奇特，具有极高的观赏价值，在园林配置上用途十分广阔。它适于庭院中堂前，亭侧栽植，与苍松奇峰相映成趣，颇为壮观。干皮斑驳美观，针叶短粗亮丽，是很好的园林绿化传统树种，也是适应范围广泛、能在钙质土壤和轻度盐碱地生长良好的常绿针叶树。

西府海棠

位置：211厂办花园

编号：ⅠG201402002
科属：蔷薇科苹果属
拉丁学名：*Malus micromalus*
胸径：53cm
树龄：约43年
别称：海红、子母海棠、小果海棠
生长习性：喜光，耐寒，忌水涝，忌空气过湿，较耐干旱，对土质和水分要求不高，最适生于肥沃、疏松又排水良好的沙质壤土。

主要价值：为常见栽培的果树及观赏树。树姿直立，花朵密集。果味酸甜，可供鲜食及加工用。青刺果仁可用于榨油，经常食用青刺果油，可降低血脂，调节血压，促进微循环，增强机体的抵抗力，使人延年益寿。青刺果油还广泛用于治疗皮肤烧伤、皮肤溃烂等疾病。

北京丁香

位置：中心花园

编号：ⅠG201404001
科属：木犀科丁香属
拉丁学名：*Syringa pekinensis* Rupr．
胸径：40cm
树龄：约40年
别名：臭多萝、山丁香
生长习性：喜阳，也稍耐阴，耐寒、耐旱；要求土壤湿润。建筑物北侧及大乔木冠下均能正常生长、开花结实。耐寒性较强，也耐高温。对土壤要求不严，适应性强，较耐密实度高的土壤。

主要价值：北京丁香为晚花丁香种，花期5月中旬至6月初，为北京市少有的观花乔木之一。对城市环境适应性较强，也可用作景观树和行道树。北京丁香是优良品种丁香嫁接繁殖的首选砧木。枝叶茂盛，北京庭园广为栽培供观赏，是北方地区园林中初夏的优良花木。

水杉

位置：桃园花园西北角

编号：ⅠQ201425001

科属：杉科水杉属

拉丁学名：*Metasequoia glyptostroboides*

胸径：50cm

树龄：约35年

别名：活化石、梳子杉

生长习性：喜温暖湿润、夏季凉爽、冬季有雪而不严寒的气候。耐水湿能力强，为喜光性树种，根系发达，在长期积水排水不良的地方生长缓慢，树干基部通常膨大和有纵棱。

主要价值：秋叶观赏树种。在园林中最适于列植，也可丛植、片植，可用于堤岸、湖滨、池畔、庭院等绿化，也可盆栽，也可成片栽植营造风景林，还可栽于建筑物前或用作行道树。对二氧化硫有一定的抵抗能力，是工矿区绿化的优良树种。

紫藤

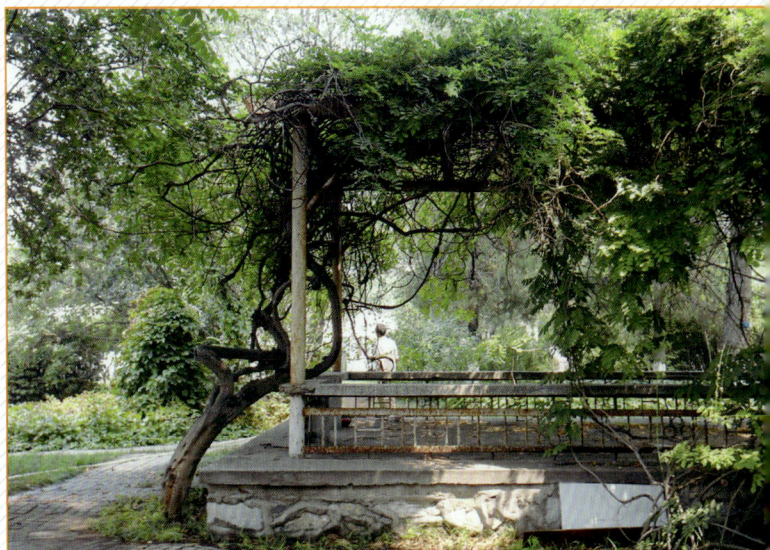

位置：211厂办花园

编号：ⅠT201401001

科属：豆科紫藤属

拉丁学名：*Wisteria sinnsis*

胸径：17.6cm

树龄：约30年

别称：朱藤、招藤、招豆藤、藤萝

生长习性：紫藤为暖带及温带植物，对气候和土壤的适应性强，较耐寒，能耐水湿及瘠薄土壤，喜光，较耐阴。主根深，侧根浅，不耐移栽。生长较快，寿命很长。

主要价值：紫藤对二氧化硫等有害气体有较强的抗性，对空气中的灰尘有吸附能力，不仅达到绿化、美化效果，同时也发挥着增氧、降温、减尘、减少噪声等作用。紫藤以茎皮、花及种子入药。紫藤花可以提炼芳香油，并可以解毒、止吐泻，紫藤花可以食用。

红豆杉

红豆杉是珍稀濒危物种，被称为植物中的活化石，同时被世界42个有红豆杉的国家称为"国宝"。红豆杉是一种神奇的树种，被誉为"健康树"：全天24小时吸入二氧化碳，呼出氧气，增氧作用明显；不仅吸收一氧化碳、尼古丁、二氧化硫等有毒物质，还能吸收甲醛、苯、二甲苯等致癌物质，净化空气，是目前世界上发现的唯一的防癌树种。院办广场两侧绿地内栽植的红豆杉，是院里绿化首次采用的特色植物品种。

位置：院办大楼南侧

樱　花

樱花花色艳丽，香味淡雅是早春观花树种，具有较高观赏价值。盛开时花繁艳丽，满树烂漫，如云似霞，极为壮观。大片栽植，可营造"花海"景观，三五成丛点缀于绿地形成锦团，孤植形成"万绿丛中一点红"之画意。老年活动中心花园内成片栽植了樱花，是院内首个樱花专类公园，春季樱花竞相开放，吸引了很多居民前来观赏。

位置：老年活动中心花园

七叶树

　　七叶树是世界著名的观赏树种之一，也是世界四大行道树之一。树干耸直，冠大荫浓，初夏繁花满树，硕大的白色花序似一盏华丽的烛台，蔚然可观，是观叶、观花、观果不可多得的树种。竹源小区楼间绿地内栽植的七叶树，树形优美，花大秀丽，果形奇特，观赏效果极佳。

位置：竹源小区

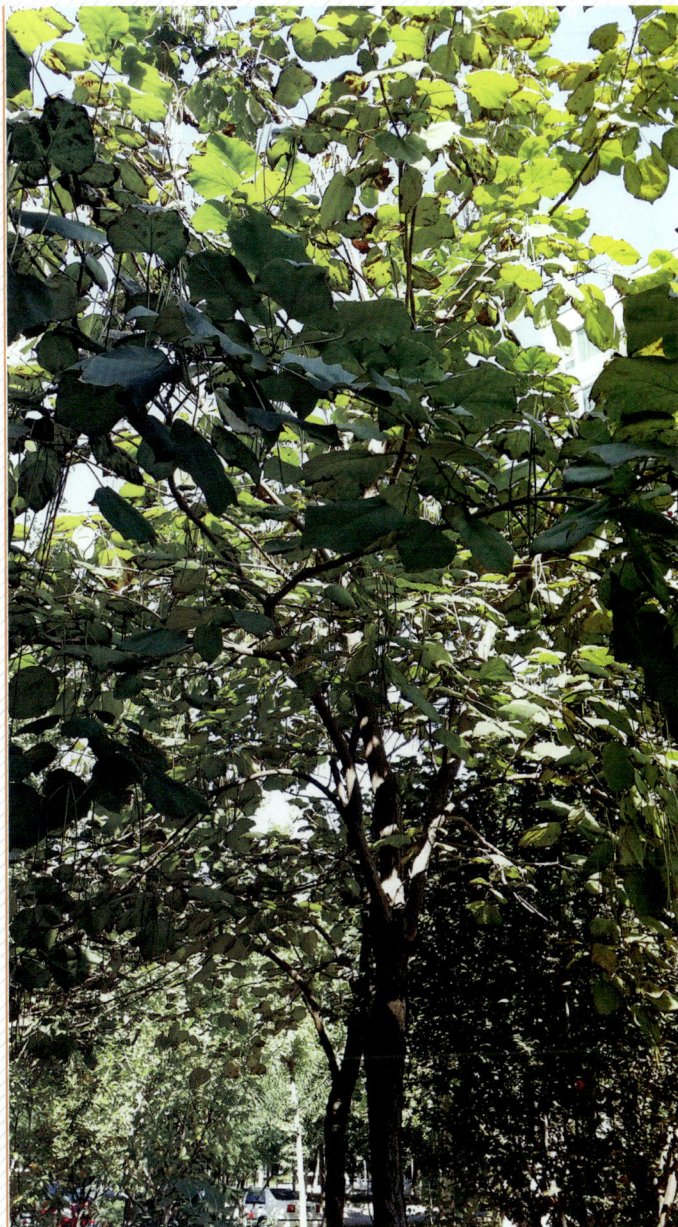

位置：竹源小区

梓树

　　梓树树体端正，冠幅开展，叶大荫浓，春夏满树白花，秋冬荚果悬挂，呈整齐的条状，是一种具有观赏特色和观赏价值较高的树种。在皇家园林沈阳故宫内就有栽植。院内竹源小区16～17#间绿地内栽植了少量的梓树，观赏效果较好。

银 杏

　　银杏最早出现于几亿年前，是第四纪冰川运动后遗留下来的裸子植物中最古老的子遗植物，被科学家称为"活化石""植物界的熊猫"。银杏树体高大，姿态优美，是理想的园林绿化、景观园林树种。神箭南路、四营门道路、三营门道路两侧栽植了银杏行道树，桃园、万源东里、梅园、菊园、竹园各个生活区也栽植了少量的银杏树。每到秋季，银杏树硕果累累，满树叶片金黄，吸引了很多职工前来观赏、合影留念。

位置：211厂资料楼东北角

红叶碧桃

红叶碧桃生长速度快，先花后叶，3月开花，烂漫芳菲，花色鲜艳美丽，花后叶色鲜艳，既可观花又可赏叶，具有极高的观赏价值。可作为公园的景观用树、城市的行道用树和庭院的观赏用树。科研区内神箭中路两侧，结合玉兰栽植种植的红叶碧桃，由于有一定的种植规模，每当花季来临，群花竞放，十分漂亮。

位置：神箭中路两侧

藤本月季

藤本月季开花时花朵硕大，花色艳丽，花团锦簇，在山野间、公园里甚至庭院里都可以看到，具有很好的观赏价值，是名贵的观赏植物。可作为棚架和阳台绿化材料，多将之攀附于各式通风良好的架、廊之上，可形成花球、花柱、花墙、花海、拱门形、走廊形等景观。18所办公区北围墙、神箭南路震动塔对面围墙、15所发射支持系统研发试验中心东围墙等地点栽植了各色藤本月季。三季连续开放，花多色艳，花大而香，形成了藤本月季观赏的立体花墙，开花时甚为壮观。

位置：169#北围墙

玉 兰

　　玉兰在中国有2500年左右的栽培历史，是我国特有的庭园名贵观赏树种，也是北方早春重要观花树木。玉兰花对有害气体的抗性较强，具有吸收二氧化硫的能力，是很好的防污染绿化树种。神箭中路两侧栽植的玉兰，是航天绿化工作者把玉兰作为行道树栽植进行的大胆尝试，经过精心养护，目前玉兰长势良好，春季花开斗艳，成为院内特色植物景观大道。

位置：神箭中路两侧

竹类植物

　　竹，枝杆挺拔、修长，四季青翠，凌霜傲雨，具有高洁、坚贞、正直、秉直的文化象征，是庭园中不可缺少的点缀假山水榭的植物。中国古今庭园几乎无园不竹，居而有竹。院里一直注重营造人文景观与居住的高雅品位，在老年活动中心花园、桃园花园、东营房花园、竹源小区内栽植了竹类植物，有早园竹、刚竹、箬竹等品种。特别是老年活动中心花园内的早园竹，是院内栽植时间最长、规模最大、长势最旺盛的一片竹林，在花园改造时，作为历史特色景观予以保留。

位置：中心花园

荣誉展示

风 采

多年来，在各级领导的关心和帮助下，在全院干部职工的共同努力下，航天一院连续29年保持"全国绿化先进单位"荣誉称号，连续10年保持"全国绿化模范单位"的荣誉称号；连续多年保持着"北京市花园式单位"荣誉称号；两次获得北京市人民政府和首都绿化委员会颁发的"首都全民义务植树先进单位"奖牌；两次获得北京市"丰台区年度防控危害性林木有害生物先进单位"称号。

全国绿化先进单位

中央绿化委员会

全国性奖项

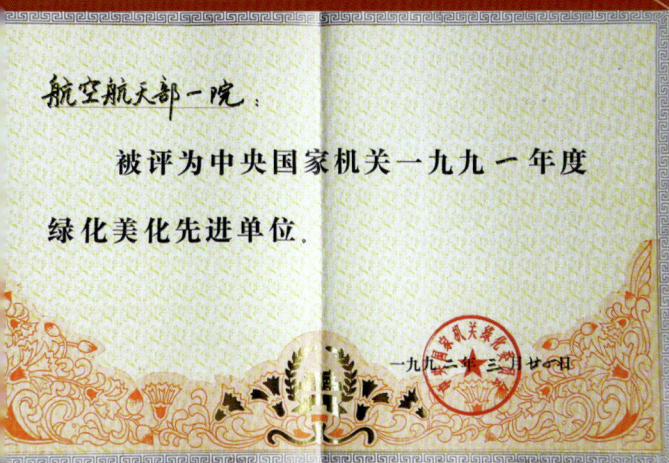

航空航天部一院：

被评为中央国家机关一九九一年度

绿化美化先进单位.

一九九二年三月廿四日

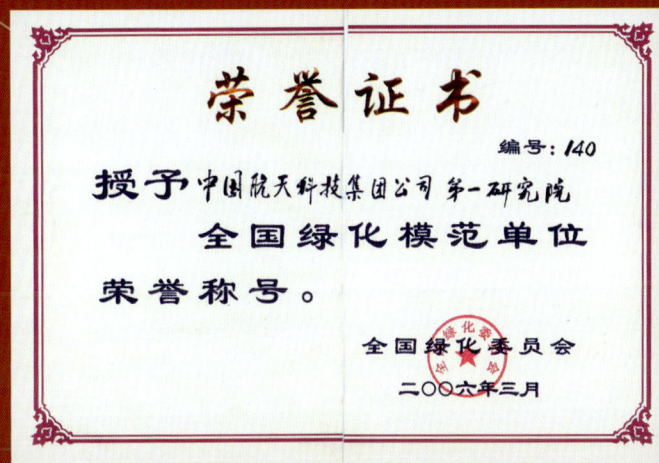

荣誉证书

编号：140

授予 中国航天科技集团公司 第一研究院

全国绿化模范单位

荣誉称号。

全国绿化委员会

二〇〇六年三月

市级奖项

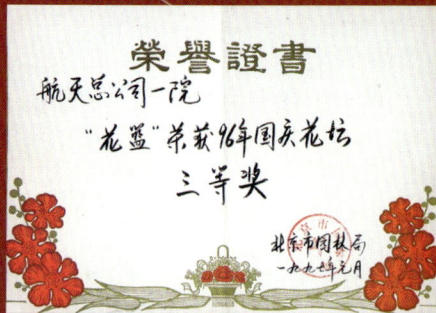
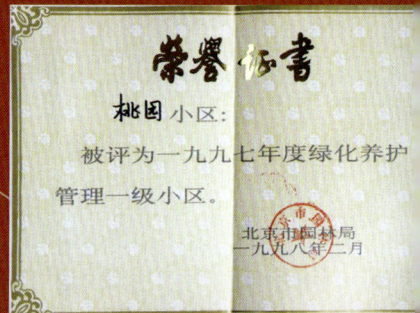

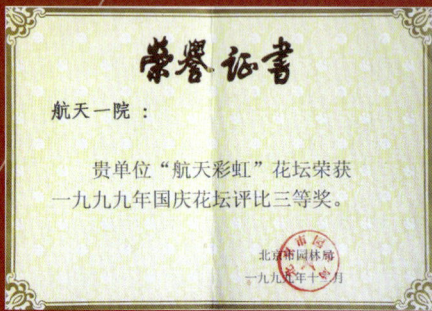
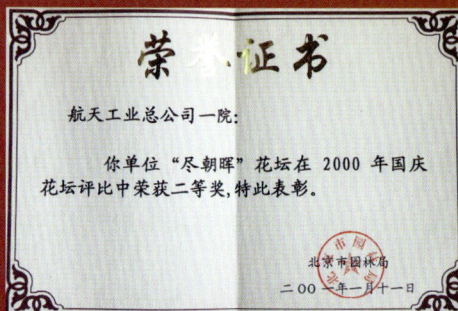

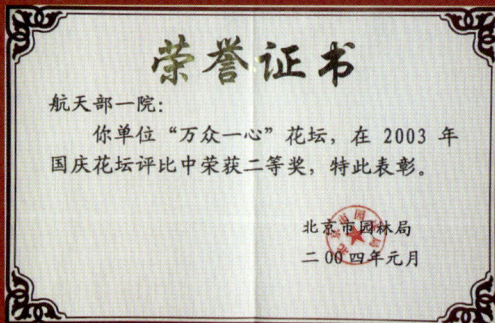

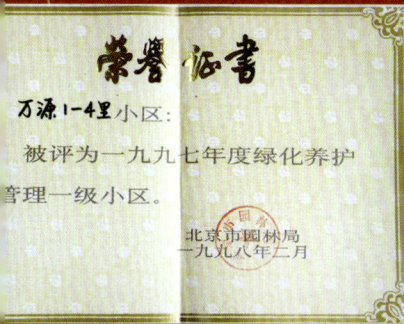

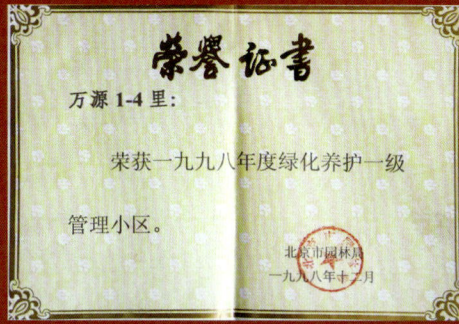

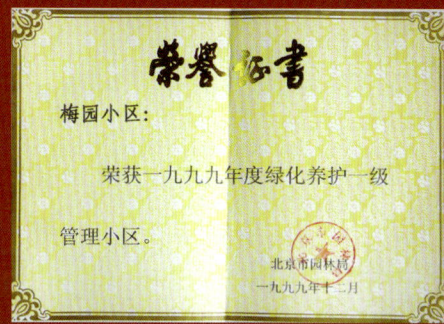

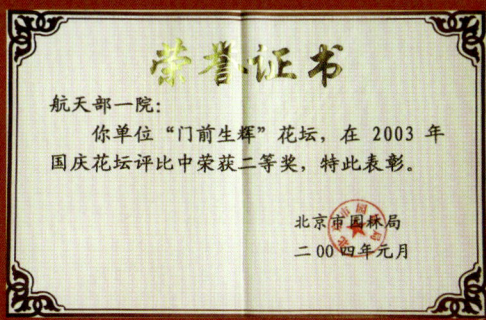

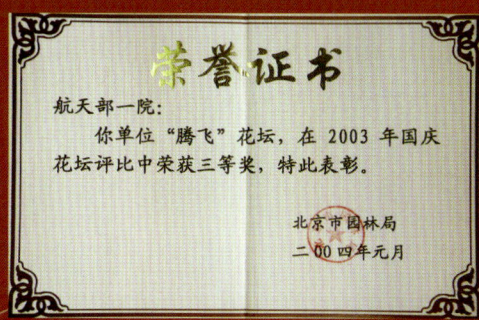

丰台区奖项及其他奖项

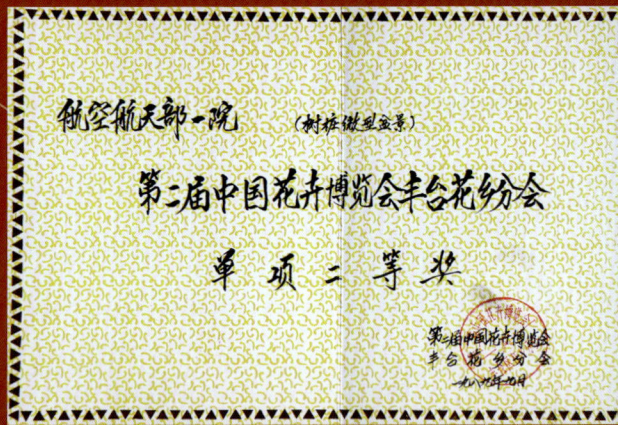

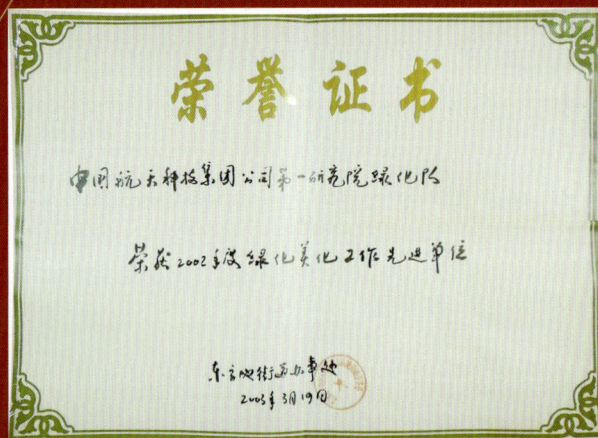

航空航天部一院 (浮雕)

第二届中国花卉博览会丰台花乡分会

集体一等奖

第二届中国花卉博览会
丰台花乡分会
一九八九年九月

航空航天部一院 (树桩微型盆景)

第二届中国花卉博览会丰台花乡分会

单项二等奖

第二届中国花卉博览会
丰台花乡分会
一九八九年九月

荣誉证书

中国航天科技集团公司第一研究院绿化队

荣获2002年度绿化美化工作先进单位

东高地街道办事处
2003年3月19日

奖状

中国航天科技集团公司第一研究院：

在 2005 年度绿化美化工作中成绩显著，被评为先进单位，特予表彰。

丰台区人民政府 丰台区绿化委员会
二〇〇六年三月

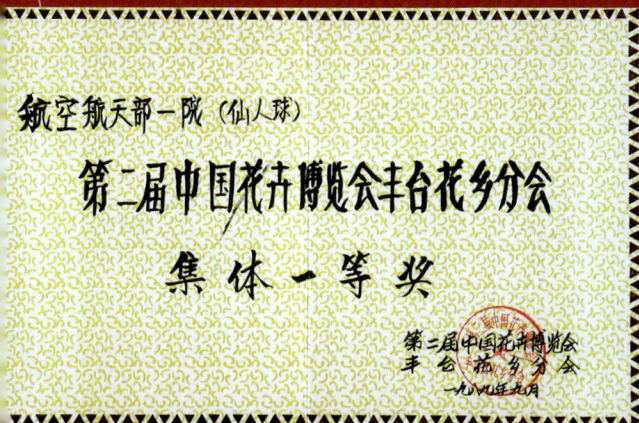

航空航天部一院（仙人球）

第二届中国花卉博览会丰台花乡分会

集体一等奖

第二届中国花卉博览会
丰台花乡分会
一九八九年九月

奖　状

中国航天工业总公司第一研究院 东营房计区，

在一九九五年度绿化造林工作中，成绩显著，被评为先进单位，特发此状，以资鼓励。

丰台区人民政府
丰台区绿化委员会
一九九六年三月三十一日

丰台区绿化美化先进单位

中国植树节
3·12

丰台区人民政府
丰台区绿化委员会
二〇一一年三月

丰台区绿化美化先进单位

中国植树节
3·12

丰台区人民政府
丰台区绿化委员会
二〇一二年三月

人物风采

　　多年来，航天一院绿化人为推进航天绿化事业发展，推进生态文明建设，改善全院职工的工作、生活环境作出了积极的贡献，涌现出了一批先进人物，他们中的优秀代表李索正、陈朝珍、芮国严、刘玉胜、王盛钢、闫晓平、李静还获得了国家级的绿化表彰。在他们的影响带动下，航天绿化人牢记航天精神，团结奋进，开拓创新，绿化美化卓有成效。

李索正

职务：副院长

任职时间：2004～2014年

先进事迹：

李索正，"全国绿化奖章"获得者，具有较高的文学艺术修养，重视航天一院人文、生态的和谐发展，对航天一院的绿化事业倾注了满腔热情，对绿化事业具有远见卓识。

李索正主管绿化工作近20年以来，航天一院加强了对全院新老绿地的养护管理工作，制订了全院整体的"十五""十一五""十二五"绿化美化规划方案，针对航天一院的现实情况，及时地调整了全院的环境建设和绿化美化工作思路，同时把航天文化纳入到全院的绿化美化规划之中。

李索正工作任务非常繁重，千头万绪，但他在繁忙的工作中总是抽出一定的时间过问绿化工作，亲自参与十几个花园、广场绿化工程的规划设计，组织完成了全院生活区、科研生产区的绿化规划，与各单位签订"绿化工作责任书"，听取绿化工作汇报，解决工作中的难题，在经费上给予很大的支持帮助，给职工创造优美的工作生活学习环境，并提出了"科研区公园化，生活区花园化"的理念。在重视绿化成果保护的同时，他还亲自落实"种好树，种大树"施工方案，始终注重绿化形式的多样化融合发展。

在他的正确领导和大力支持下，全院的绿化工作取得了前所未有的成绩，已连续29年保持"全国绿化先进单位"荣誉称号，连续10年保持"全国绿化模范单位"荣誉称号，连续14年保持"北京市花园式单位"荣誉称号。在义务植树方面，圆满完成义务植树任务，连续多年保持了"北京市义务植树红旗单位"称号。一院绿化工作从一个台阶走向另一个台阶，受到全院领导和职工的一致好评。

陈朝珍

职务：原基建房产部部长
任职时间：1989～1996年
先进事迹：

陈朝珍，"全国绿化奖章"获得者，航天一院的绿化开拓者之一。西北工业大学毕业。工作作风扎实，雷厉风行，对绿化工作更是情有独钟。为了绿色事业，甘愿放弃自己所学的专业，为航天一院园林绿化事业的发展，奉献自己全部的工作热情和能量。

他是航天一院的首位绿化办主任，一位勤勤恳恳的播绿人，义务植树工作的开拓者。在任职基建部部长期间，抓绿化更是成为他的常态工作。那时，他经常带着绿化队负责人到生活区、科研区走走看看，看到哪儿不行，就让绿化队画图纸、大家讨论，重新做，一直到大家满意为止。为改善科研区、生产区、生活区的环境，为职工创造良好的工作生活条件，他精打细算，把所有能投入的资金都投到了环境改造和绿化上，经常鼓励绿化员工艰苦奋斗，尽最大努力搞好绿化工作。他还非常重视对绿化员工工作能力的提升和业绩的奖惩，在他看来，工作干得好就要奖励、提拔，干得不好就要批评、降职。他这种务实肯干的工作作风给大家留下了深刻的印象。

"他是那么热爱绿化工作，我非常佩服他，干工作简直是不要命。"曾经跟他一起奋斗过的航天老绿化人这样评价他。

1984年，绿化办成立不久，各项工作还处于起步阶段，绿化工人极度缺乏。在这种的情况下，他亲自和民工一起抬雪松大坨进行栽植。那时为了搞到质量好的苗木，他曾乘坐火车，风风火火跑了7天，到南京的红花苗圃、常州的国营苗圃、苏州的村办苗圃、上海的前进农场等地，挑选绿化用苗。

桃园花园是院里园林精品之一，那里植物配置丰富多彩，多色彩、多组合、多层次，假山也是一个亮点。现在的人们还记得，当时为了把花园建得出色一些，陈朝珍请来叠山大家韩良顺，用了2000多吨石头制作了个假山跌水，效果非常好。1989年，桃园花园工程施工处于紧张时期，他经常出现在现场，看到不满意的地方，马上找来绿化队员商量改进办法，晚上也常和工人们一起加班加点。

桃园花园在建时，院里生活区、科研区还有十多条道路两侧绿化同时进行。为改善周边环境，院里还把北京市南中轴线到航天一院这条属于北京市管的道路绿化也做了，当时的工作量非常大。在陈朝珍的组织协调下，院里两支绿化队伍比着赛干，连续20多天每天干到凌晨2点多。陈朝珍和绿化队的员工一起坚守现场，短暂的休息后，第二天早上又出现在工地上。工程完工之后，以桃园花园为主的生活小区被评为"北京市十大文明小区"。

那几年，生活区环境要不断提升，绿化提升改造工程很多。作为部长，他对经费严格控制，每每总是精打细算，既要干好活、保证工程质量，还要少花钱。航天一院绿化队建立以后，他经常带领一班人搞规划设计，边学边干，从设计到施工，摆脱一般化，学习先进经验技术，带出了一支兵强将的绿化队伍，同时也保护了院内的绿化成果。

在工作中他重视人脉关系，考虑问题全面，时刻注重与各单位之间的交流、沟通、协调，院内各项绿化任务得到了各部所（厂、站）的大力支持，绿化队出色地完成了多项绿化美化任务，为生产生活环境的提升打下了坚实的基础。

任职期间，他领导参与了航天一院最早建设的中心花园，生活区的桃园花园、梅园花园、六营门花园、菊源南里绿化，以及万源路三角地绿化等。

芮国严

职务：行政保障部部长
任职时间：2004～2014年
先进事迹：

　　芮国严，"全国绿化奖章"获得者，医药专业毕业。任职期间，认真履行行政保障部工作职责，是李索正副院长的得力助手，上传下达院政、院务工作细致入微，全面周到，确保工作落实到位。

　　他虽然不是园林专业出身，但他偏爱植物、偏爱绿色。1998年进入航天一院行政保障部后，开始关注院里的绿化工作，并自始至终对航天一院的环境绿化工作倾注了极大的热情。

每项绿化政策规章出台之前，他都组织相关部门的人现场实地调研，广泛征求大家的意见。经常带头组织绿化检查验收，使得机关义务植树工作开展得有声有色，并多次受到北京市、国管局、大兴区的表彰。他经常留心绿化优良品种引进工作，为建好"玉兰大道"，亲自带队去河南挑选适生苗木，栽植后的苗木在绿化队精心管护下成活率达到了98%；为了丰富院里的植物品种，支持进行珍稀树种引种栽培试验，带队南下无锡引进了红豆杉苗，并栽种成功，创造了在北京市露天栽种红豆杉成功第一家的好成绩。

在他看来，绿化工作不是简单的事，既要讲究科学性，还要注重艺术性、观赏性。他常说，搞绿化绝不是为了绿化而绿化，目的是通过环境绿化使人们爱这里，精神上有依赖，对工作、科研、生活更充满信心。他提出绿化工作也要"三好三满意"：群众说好，领导说好，自己也觉得好；要群众满意，领导满意，自己也满意才行。所以，他在任职期间，不遗余力地执行院里改善职工生活、生产条件，提升环境质量的决策，对待工作上的硬骨头敢啃、敢做、敢担当。

2006年，为建好神箭景观园，他和绿化公司负责人一起研究，提炼出了航天文化要素，并请有名的园林设计专家设计"神箭景观园"，设计稿经过6次修改才定稿。施工中，光地下的基础工程就花了78天的时间，挖土方15万立方米。为了找到合适的景观石，他更是亲自领队，带着绿化办主任刘玉胜、绿化公司经理王盛钢等人到山东泰安找石头，并协调运送事宜。施工期间，他多次和院领导一起现场调研，检查施工质量，督促施工进展，对工程要求精益求精。

"六营门小区绿化改造"是航天一院生活区改造中的一大难点，拆除私搭乱建工作难度特别大，改造工程牵涉1420户居民。他下决心办好这件事，在2年的时间内完成了改造任务，从整体上改变了多栋楼房的环境面貌，增加了绿地面积2万多平方米，使小区环境质量大幅度提升。

老年活动中心门口有一片树长得不好，影响了绿化效果，院里打算把那些树换掉，但健身的老人们不愿意。他到现场调研后得知大家舍不得那里的4棵杜仲树。于是适时对计划做了相应调整，要求把树底地面铺上木栈道，清理干净浮土。这样不但保留并提升了原来的景观，还为老人们健身创造了便利条件，大家特别满意。

他认为，绿化是"三分种，七分管"。行保部对毁绿行为的处罚绝不手软，规定机动车停放在绿地上的每次罚款50元；凡施工破坏绿地的，谁使用谁恢复；大面积的施工，绿化必须是同步规划、同步设计、同步施工。

他重视绿化规划，每每亲自抓。做规划时组织大家开会，研究。在绿化经费方面强调做好预算，提供保障。在工程建设方面强调施工没完成，绿化要先完工。他说，整个行保部的工作是相辅相成的，每个环节都是不可或缺的，其中的绿化工作就像一条线，把各个环节串联起来。领导所做的工作，所起的作用就是要牵好头。

他在行保部任职期间，正逢航天绿化蓬勃发展时期。他直接参与了神箭景观园、文化广场、老年活动中心、六营门绿化等大的绿化工程建设，还参与起草了航天一院"十二五"绿化规划等。

绿色航天　美丽家园

刘玉胜

职务： 原航天一院绿化办主任

任职时间： 1994～2006年

先进事迹：

刘玉胜，毕业于河北林学院，1969年开始至今已从事园林绿化工作40多年，研究员（教授级）职称。获国家、北京市、河北省等各类奖项20多次，解决园林绿化各类技术业务难题30多项，撰写技术论文20多篇。

1989年入职航天一院，1990年任院绿化队副队长，1991～1994年任院绿化队队长，1994年离开绿化队到院绿化办任主任。对绿化事业的热爱和强烈的使命感、责任心，使他的工作干得非常出色，也很有成效。他还凭借自己的能力和热情，热心地帮助同志解决困难。任职期间，他在外联工程、资质升级、新技术应用、攻克技术难关、培养人才等方面做了大量的工作，对航天一院长期保持"全国绿化先进单位"和"全国绿化模范单位"称号，作出了很大贡献。他本人也因为出色的工作，多次获得全国、北京市、集团公司和院的奖项。

1989年，他刚到一院时，恰好赶上建设"桃园花园"，便立刻参与其中，很好地发挥了专业优势。当时桃园花园投资180万元，是航天一院花园建设面积最大的一个，院、部领导压力很大。经过航天绿化人的辛勤努力，1990年花园建成，效果非常好。后来，桃园花园被纳入北京市公园管理系统。那一年，院周道路绿化、院里生活区、科研区道路两侧绿化同时在做，规模大，苗木消耗量也大，他和同事们选苗、栽植、设计、施工都盯着做，连续20多天都干到凌晨2点多钟。这一时期的工作经历在他的心中留下了很深的印记。

他是航天绿化系统唯一的一位园林研究员，既有深厚的理论功底，又有丰富的实践经验，为自己钟爱的绿化事业付出了满腔的热情。有一年，一院进行道路改造时，54棵毛白杨大树是砍是移，争议很大。他坚持移栽，并立下了"军令状"，承诺保证大树一株不死。在他的指导下，移植的大树经过科学移植和精心管护，全部成活，成为一院一道独特的风景，也创造了一院绿化史上的奇迹。

他对绿化工作有着专业的敏感，每到外地，见到好的绿化品种、绿化技术和绿化手法，总是琢磨能否为自己所用。在他的推动下，一院拥有了很多独具特色的绿化品种，绿化水平不断提高，绿化形式和手段也处于领先地位。在绿化队、绿化办工作期间，他多次参与院里绿化工程的选苗工作，全国各地到处跑，从苗木品种、品质、价格等多方面进行考量。这项工作直到退休后依然没有停止，他还在乐此不疲地认真做好这件事。

在绿化办工作期间，航天一院的环境发生了很大变化。领导对环境提升、对生态建设有了更深的思考。作为绿化办主任，他努力做好院里绿化的协调工作和规范管理工作，两次参与修改了《航天一院绿化实施细则》，并认真贯彻院里对绿化发展的规定要求，同时积极协调筹措绿化经费，组织参观学习等。这期间，院里许多单位都被评上了"北京市花园式单位"。

2006年，刘玉胜退休后，被聘参与鸟巢奥运工程绿化。后因为院里工作需要，他毅然返回院里，利用自己的专业知识、经验，协助开展绿化工作，给院里绿化队伍当参谋。现在，他不但是北京园林绿化局聘请的18位绿化执法监督员之一，也是国管局绿化专家组成员、职称评审委员会评委。

他参加的绿化工程有桃园花园、六营门花园、东营房花园、文化广场、菊源南里、菊源北里、211厂生活区绿化和万源路小区绿化改造等。

因工作成绩突出，他曾多次被评选为航空航天工业部绿化积极分子、航空航天工业部绿化美化积极分子、中国航天工业总公司绿化美化积极分子和中央国家机关绿化美化积极分子；2000年，被评为中国航天科技集团公司绿化先进个人；2002年，被评为中国航天科技集团公司绿化先进工作者；2004年，被评为北京市"园林杯"先进工作者；2005年3月，被全国绿化委员会授予"全国绿化奖章"；2006年3月，被全国绿化委员会、国家人事局、国家林业局授予"全国绿化劳动模范"荣誉称号。

王盛钢

职务： 原北京市航天万源园林环境绿化工程有限公司经理

任职时间： 1994～2014年

先进事迹：

在航天一院，了解王盛钢的人都知道，他是一个勇于开拓、忘我敬业的播绿人。问到王盛钢，绿化公司的干部员工都会说："他是一个没有埋怨，没有牢骚，只有拼搏，只讲奉献的好干部。"

王盛钢，工程管理专业毕业，1992年任航天一院绿化队副队长，1994年任队长。这期间，航天一院为改善生产、科研区和生活区的环境陆续进行了大的环境改造改建施工，对绿化美化工作也提出了更高的要求。他带领绿化队迎难而上，主动请缨，承揽了院内绿化工程的设计、施工等工作，在实践中摸爬滚打，积累实力，为自己参与市场竞争打基础。2001

年绿化队在院领导的支持下，完成由内向外的转型，成立了北京市航天万源园林环境绿化工程有限公司，他担任经理。此后，他带领航天绿化团队发挥敢打敢拼的顽强精神，在完成院内绿化工程、管护任务的同时，勇闯市场，并最终使企业获得城市园林绿化一级资质。

他常年投身于绿化美化工作第一线，所带领的团队，获得过航天一院授予的"长征班组"荣誉称号。20多年来，他用严谨的工作作风，面对困难，驾驭市场的变化，在市场转型过程中，带出了一支精诚协作、团结一致、善于打硬仗的队伍，走出了一条以专业技术创新为亮点、技能提升为根基的团队发展之路。

2009年春，公司在6家投标单位中脱颖而出，夺得了河北廊坊光明西道的绿化工程项目。当时工程工期紧，涉及专业多，任务重。为做好这个对外承接的第一个大工程，他带领苗木采购人员走了北京、河北、山东等地20余家苗圃，采购苗木多达40万株。施工中，他带领员工驻扎在施工现场，24小时二班作业，边设计、边修改、边施工，发扬"特别能吃苦、特别能战斗"的航天精神，用了2个月的时间，最终保质保量地按期竣工。工程验收时，由于服务到位、质量突出，工程标段被评为示范标段，受到干部群众的一致好评。

2010～2011年，他以"天津大运载园区景观设计"项目为龙头，更新管理理念，整合固有优势，深入挖掘航天企业文化，攻克盐碱地排盐技术难关，出色地完成了设计与施工任务。

他经常一身土、一身泥地工作在绿化第一线，多次累得腰痛难忍，但从没有休息过半天。许多员工私下里说，如今像这样的领导不多了，且不说他已过了知天命的年纪，就单凭他的资历，他就可以当个甩手掌柜。可是他干起活来还和个小伙子一样，这样的人才称得上是"忘其身、忘其女、忘其家"令人尊敬的"三忘"好领导。

任职期间，他率领绿化团队，建造了航天一院生活区及科研区100余万平方米的绿地大花园；先后完成了航天一院"十一五"规划设计中的绿化施工任务和"十二五"规划设计中的绿化方案汇报工作；实现了航天一院的绿化蜕变，攻克了一道道绿化技术难关，先后完成了神箭景观园地库库顶地面、景观工程绿化施工项目，用专业技能缔造了"菊源二期环境绿化优质工程""文化广场优质工程""屋顶花园优质工程"等；积极探索新兴技术，完成了万源广场2200多平方米屋顶花园的设计和施工项目。2009年初，他带领团队一举中标廊坊市光明西道改造上千万元工程，从而迈出航天园林绿化对外承接工程的第一步。此后，承接的天津、大连、石家庄、西安等绿化工程，使航天园林的步子迈得越来越稳，路也越来越宽。

王盛钢在任职期间曾被授予"全国绿化奖章"，被评为"丰台区绿化美化积极分子""首都绿化美化积极分子""北京市屋顶绿化先进分子"、航天一院"突出贡献共产党员"荣誉称号。

闫晓平

职务：航天一院绿化办业务主管

任职时间：2006年起至今

先进事迹：

闫晓平，园林专业毕业，1985年入职航天一院绿化办，在机关绿化办兢兢业业地工作了30年。刚到航天一院时，恰逢航天一院义务植树工作蓬勃兴起，他直接参与了大兴六合庄义务植树基地的建设，此后全程参与义务植树基地的管理以及航天一院各项绿化美化工作。

他工作务实、认真、负责，在促进全院义务植树、绿化美化工作的有序开展上，发挥了积极作用。自1987年以来，航天一院一直保持着"全国绿化先进单位"称号，并多次获得"首都义务植树先进单位"荣誉。2006年，航天一院获得"全国绿化模范单位"荣誉称号。

闫晓平也多次获得中央国家机关、北京市、航天科技集团公司的表彰。

航天一院的义务植树工作一直走在了国家机关和北京市的前列。多年来，闫晓平响应上级号召，建立了义务植树登记卡，积极组织本单位职工赴京郊参加义务植树工作，超额完成义务植树任务，成活率、保存率均达到97%以上；并积极创新，改变义务植树初期林木品种单一的状况，推广林木混交，提高林木成活率和观赏性；修建了林间道路，推动义务植树基地逐步向郊野公园方面转化。同时，重视对林地的保护，配合当地林业部门积极开展林木病虫害防治和护林防火工作，所管护的6500多亩义务植树林地，从未发生灾害性病虫害和森林火灾。此外，航天一院积极响应北京市、中央国家机关事务管理局和航天科技集团公司号召，2008年与大兴区礼贤镇黎明村结成了"手拉手"共建村。一院投资为黎明村进行了绿化规划设计，提供各种苗木5600余株绿化村庄，大大改善了村庄的生态环境，使村庄绿化覆盖率达50%以上。黎明村被北京市评为"绿化先进村"。

从工作职能的角度，院绿化办起着承上启下的作用。闫晓平在机关绿化统筹工作上，能够做到上传下达准确、及时、到位；在各部所绿化美化任务的安排上，做到合情合理，有条不紊，并落到实处。在绿化工作的组织施工、监督验收等方面，他以身作则，充分利用自己园林专业的优势，及时做好规划方案的把关、施工监督等。在从事绿化管理实践中，他认真思考开展绿化工作的有效方法手段。2009年，航天一院专门制定出台了《绿化实施管理办法》，为更好地开展绿化美化工作提供了制度保障。为有效地保护所属范围内的古树名木，2014年，绿化办组织开展了古树名木普查工作，并建立了树木档案、设立了标牌和编号，明确了责任部门和责任人，从而保证了院内树木生长良好。

他在工作期间多次参与和组织绿化工作3年规划、5年规划的编制，并予以分解和组织实施；多次利用单位媒体开展丰富多彩的绿化美化宣传工作，提高职工的绿化美化意识，在打造具有明显航天文化特色的绿化景观，建设美好家园方面作出了自己的贡献。

任职期间，他参与了六营门花园、桃园花园、东营房花园、梅园、休闲广场、六营门花园道路拓宽改造两侧配套绿化、"两点一线"绿化、神箭景观园建设和院内所有的绿化项目的规划设计等，参与了院"十五""十一五""十二五"绿化规划的制订。

从1992年至今，闫晓平曾先后被评为航空航天工业部绿化美化积极分子、中国航天工业总公司绿化美化积极分子、首都绿化美化积极分子、中央国家机关绿化美化积极分子和中央国家机关绿化美化先进工作者。2016年被全国绿化委员会授予"全国绿化奖章"。

李 静

职务：北京市航天万源园林环境绿化工程有限公司经理
任职时间：2014年4月至今
先进事迹：

　　李静，园林绿化专业毕业，自1991年入职航天一院以来，一直兢兢业业地奋斗在绿化第一线。她热爱绿化事业，吃苦耐劳，谦虚好学，从绿化最基础做起，不断提升自己的业务水平和管理能力，从绿化技术员到绿化队副队长，从绿化工程部副经理到园林绿化公司副经理再到经理，一步一个脚印，带领团队出色完成各项任务，在航天一院园林绿化事业上作出了突出成绩。

在多年绿化工作实践中，她重视技术创新，不断积聚沉淀，带领团队实现蜕变，攻克技术难关，在屋顶绿化与盐碱地绿化设计施工方面实现了突破。2006年，院里神箭景观园绿化工程实施中，她负责组织设计及施工，率领团队攻坚克难，在车库顶板上建成1.68万平方米的园林景观。另外，还组织完成了综合广场楼顶2200多平方米屋顶花园的设计和施工。2009年，综合广场屋顶花园项目被北京市屋顶园林协会评为"屋顶绿化优质工程"。该项目也成为国家机关中面积最大的花园式屋顶绿化。

在承建天津新一代运载火箭产业化基地园项目时，为保障景观工程取得良好效果，李静带领设计部多次前往天津，多方调研、学习，钻研盐碱地绿化设计及施工技术，实践了排盐栽植，保质保量地完成设计与施工任务。

多年来，她带领团队走出了一条以管理创新为亮点，以技能提升为根基的发展之路。积极跟随一院建设脚步，配合完成了"十一五""十二五"航天一院绿化美化规划的设计及实施任务，共改造完善老旧小区绿化面积达40余万平方米；努力提升本单位建设及竞争能力，2011年取得园林绿化施工一级资质，为进入院外市场及异地市场创造了机遇；扩大单位规模，在西安、天津、沈阳等地成立了分公司；近年来先后中标河北廊坊光明西路景观工程，大兴区2014年、2015年平原地区造林工程项目、西安航天置业新建生活区绿化项目等，打造了一批优质工程，为公司行业领先奠定了基础。

在绿化经营创新中，她积极探索有效发展模式，秉承"向管理要效益"的原则，率先使用计划管理方法，科学测算，有效控制项目成本，严格规范项目运营质量，规避经营风险。同时，勇于参与市场投标，实践成本核算、精细工程等经营手段，取得了较好效果。不但积累了市场经验，也积极高效地推动了项目开发工作。

在工作中，她以身作则，以人为本，始终把提高员工素质、提升服务质量、赢得用户满意、提升核心竞争力，坚定不移地走专业化、规模化、多元化发展之路，作为公司的发展战略。在市场转型过程中带出了一个顺应市场、敢打敢拼的团队。在她看来，绿化公司一直有一个良好的传承：领导以身作则，团队和谐共进。她将一直把这种作风传承下去，鼓励团队的年轻人多学习，培养吃苦耐劳的精神，为绿化公司的发展增加后劲。

任职期间，李静参与了菊源里、梅园公园、文化广场、竹园、文化广场、休闲广场、屋顶花园、东营房公园、六营门花园、东高地小区三角地绿化等工程建设，以及廊坊、天津、西安、大连等地的绿化项目建设。

因工作出色，李静先后被授予"首都绿化美化积极分子"和航天一院"突出贡献经营人员""突出贡献管理人员""优秀共产党员""巾帼建功"标兵等荣誉称号。2016年被全国绿化委员会授予"全国绿化奖章"。

和谐团队

多年来，航天一院绿化成就的取得，得益于全国绿化委员会、中央国家机关事务管理局、首都绿化委员会等有关单位的大力支持和帮助，得益于航天一院各级领导的高度重视、科学规划、持续投入，得益于全院各部所厂站干部职工的支持和热情参与，更得益于航天绿化人齐心协力、开拓进取的团队作战精神。在航天绿色事业发展的过程中，航天万源园林环境绿化工程有限公司逐渐发展成为绿化中坚力量。

①

①梁小虹书记检查绿化工作
②2006年获得全国绿化模范单位后绿化公司员工合影
③2014年第45个世界环境日，万源绿化公司团支部组织青
　年开展"追寻绿色足迹"的主题团日活动，参观由著名园
　林设计师北京园林设计研究院原副院长檀馨设计的大运河
　国家森林公园
④绿化公司员工鲜花港参观学习

北京市航天万源园林环

　　北京市航天万源园林环境绿化工程有限公司成立于2001年，前身是中国运载火箭技术研究院绿化队，是一家集园林景观设计与施工、绿地养护、绿植租摆、花坛设计摆放为一体的综合性园林企业。现拥有城市园林绿化企业一级资质和市政公用工程施工总承包叁级以及机电设备安装工程专业承包叁级资质。公司建立了严格的质量管理体系，并通过ISO9001质量管理体系、ISO14001环境管理体系及OHSAS18001职业健康安全管理体系的认证。

　　公司实行现代化的管理模式，组织机构健全，管理制度完善。公司下设设计部、施工部、养护部、花卉部、经营计划部、综合办公室六大职能机构。公司大力实施人才战略，现有市政一级建造师4名，二级建造师8名，资深专业设

境绿化工程有限公司

计师及施工项目经理多人，各项专业工程师25人，技师及中高级技术工人20人，形成了一支专业化、规范化、科学化的现代企业管理团队，拥有经验丰富的专业园林施工队伍，性能良好的园林绿化施工机械及完善的配套设施。同时建立了完善的售后服务体系，设有专业的绿化养护队伍，以一流的服务回报客户。在近几年的发展中，先后完成了许多优秀的园林景观设计和绿化工程，并以其独特的设计理念、优质的施工质量、专业的售后服务体系，取得了良好的社会效益和经济效益，赢得了客户的一致好评。

不断完善自我，超越自我，为客户提供"尽善尽美"的服务，共同打造时代园林精品，是公司永久的追求。

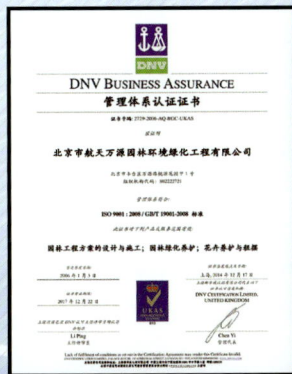

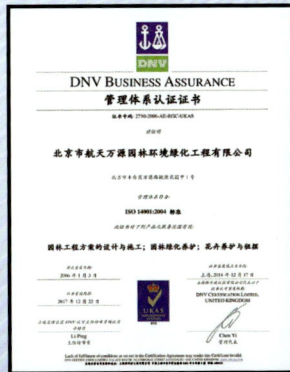

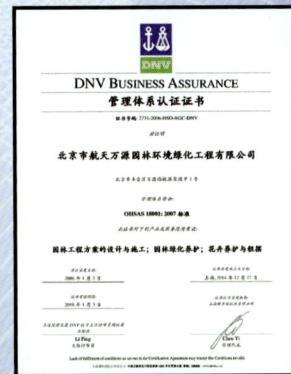

外接工程

西安航天城项目

西安航天城项目位于陕西省西安市国家民用航天产业基地内，小区配套园林景观项目绿化总面积（含铺装）为10.4万多平方米，项目内容涉及绿化苗木种植、绿化给水、电气工程、敷设过路管涵、铺装等方面。2013年8月开始施工后，航天万源园林环境绿化工程有限公司始终坚持以高标准建设、低碳化生活、科技化配套、多产业服务为建设指导思想，精心打造"航天主题生态科技社区"，为西安国家民用航天产业基地配套建设具有航天特色的宜居之城、科技之城、生态之城、航天之城。

大连航天科研试验保障中心项目

　　在建的大连航天科研实验保障中心项目一期配套园林景观工程位于辽宁省大连市高新区七贤岭火炬路南侧，信达街北侧，面积4055平方米。景观设计围绕"湾、景、人"3个关键设计元素做文章，着力打造"蕴含航天文化的浪漫之城""充满绚丽色彩的揽月之湾""营造品质生活的生态之园"。

　　小区交通体系规划设计做到人车分流，5条景观大道分布在中心区域，用作人行和消防通道；园林场地中心设有园路、健身跑步道等丰富多彩的人行空间。

　　小区设计功能性空间划分合理：南部商业区设计风格简洁大气，以景观元素营造庄重的商业氛围；中心花园区景观呈"一轴""两带""六点"结构，由中央景观轴、两条主要人行步道和六个景观节点组成。北部管理区主要以树阵景观和景墙景观为主，体现了人类不断探索宇宙中无穷无尽的奥秘。

廊坊光明西道绿化项目

　　光明西道是河北省廊坊市的一条迎宾大道，绿化景观由8米宽的绿化带及两侧景园组成，总面积达到5万余平方米。光明西道绿化工程项目是航天万源环境绿化工程有限公司首个院外中标的千万元项目。工程2009年3月启动，2010年7月圆满完成，良好的景观效果和工程质量受到了交口好评。其8米宽绿化带以整齐划一的鱼型模纹色带为主，寓意良好的祝福，而绿化带上红叶碧桃更是象征着火红的生活。

国家级奖项

北京市级奖项

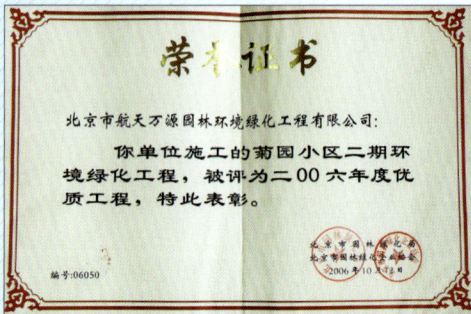

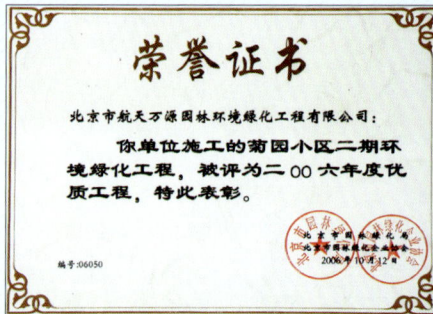

丰台区级奖项

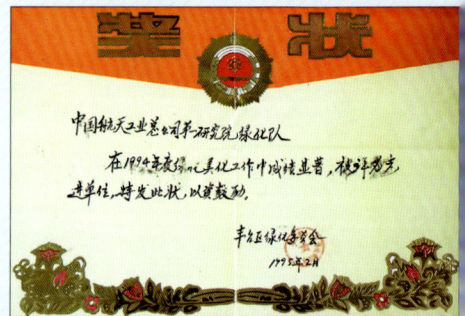

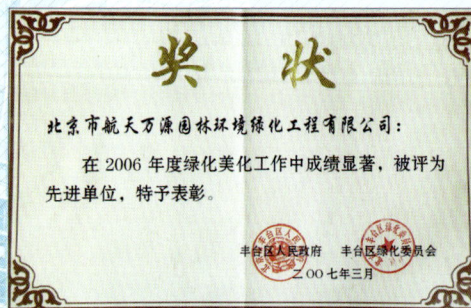

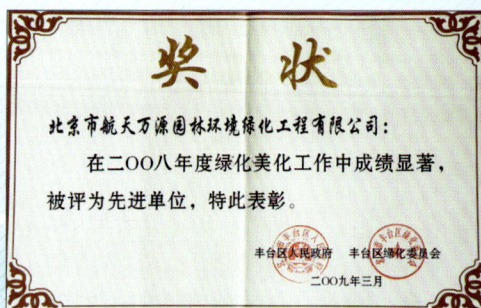

园林环境绿化工程有限公司荣誉展示

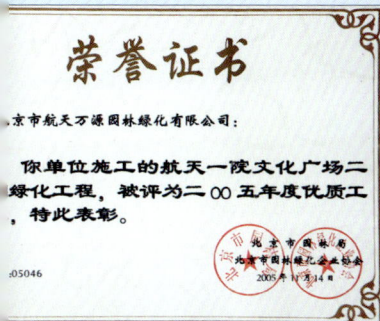

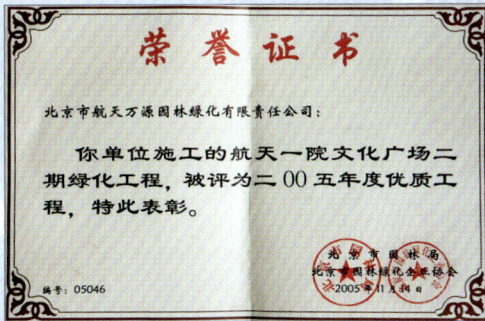

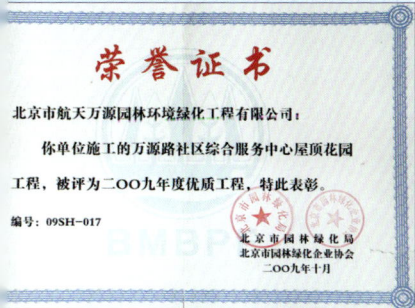

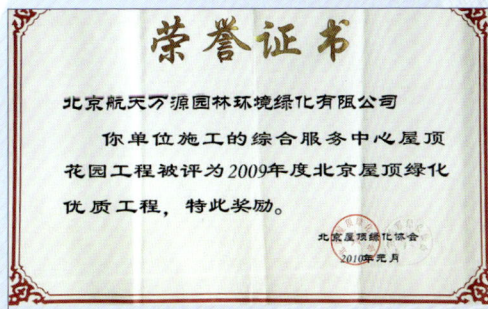

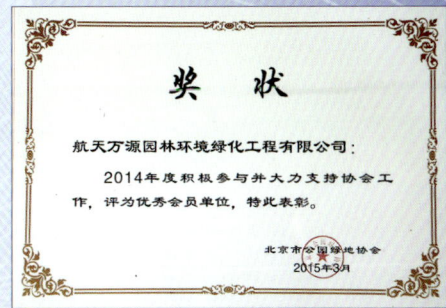

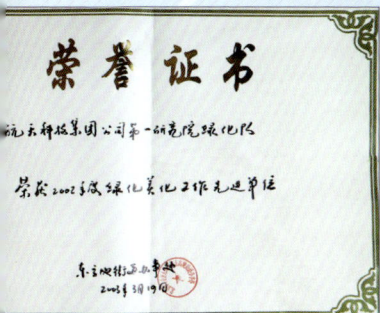

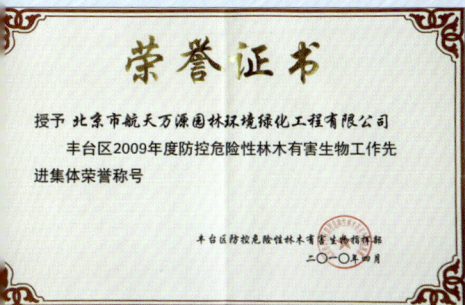

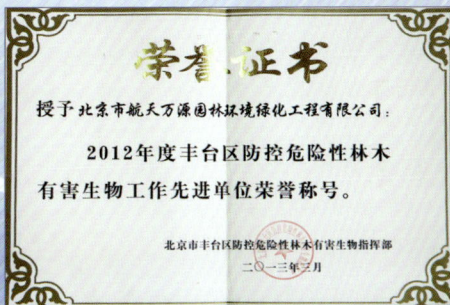

荣誉证书

北京市航天万源园林绿化环境工程有限公司：

被评为中央国家机关 二〇〇八年绿化美化先进单位，特颁此证。

二〇〇八年十二月

荣誉证书

北京市航天万源园林绿化有限公司：

你单位施工的航天一院文化广场二期绿化工程，被评为二〇〇五年度优质工程，特此表彰。

2005年月14日

荣誉证书

北京市航天万源园林绿化有限责任公司：

你单位施工的航天一院文化广场二期绿化工程，被评为二〇〇五年度优质工程，特此表彰。

编号：05046

2005年11月日

AAAA
诚信企业
北京市园林绿化行业协会
2015年制

荣誉证书

北京市航天万源园林环境绿化工程有限公司：

你单位施工的万源路社区综合服务中心屋顶花园工程，被评为二〇〇九年度优质工程，特此表彰。

编号：09SH-017

北京市园林绿化局
北京市园林绿化企业协会
二〇〇九年十月

荣誉证书

北京航天万源园林环境绿化有限公司

你单位施工的综合服务中心屋顶花园工程被评为2009年度北京屋顶绿化优质工程，特此奖励。

北京屋顶绿化协会
2010年六月

奖状

航天万源园林环境绿化工程有限公司：

2014年度积极参与并大力支持协会工作，评为优秀会员单位，特此表彰。

北京市园林绿化协会
2015年3月

荣誉证书

航天万源集团公司第一研究院绿化队

荣获2005年绿化美化工作先进单位

奖状

北京市航天万源园林绿化有限责任公司：

在 2005 年度绿化美化工作中成绩显著，被评为先进单位，特予表彰。

丰台区人民政府　丰台区绿化委员会
二〇〇六年三月

奖状

北京市航天万源园林绿化有限责任公司：

在 2005 年度绿化美化工作中成绩显著，被评为先进单位，特予表彰。

丰台区人民政府　丰台区绿化委员会
二〇〇六年三月

荣誉证书

授予 北京市航天万源园林环境绿化工程有限公司

丰台区2009年度防控危险性林木有害生物工作先进集体荣誉称号

丰台区防控危险性林木有害生物指挥部
二〇一〇年月

荣誉证书

授予 北京市航天万源园林环境绿化工程有限公司：

2012年度丰台区防控危险性林木有害生物工作先进单位荣誉称号。

北京市丰台区防控危险性林木有害生物指挥部
二〇一三年三月

院级奖项

基建房产部绿化队
获一九九〇年度亚迪创一流增效益
劳动竞赛班组成果级部优秀奖
院工会
一九九〇年

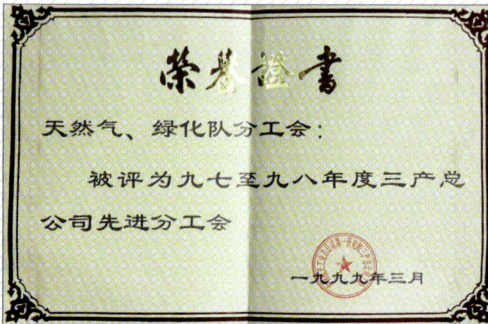

荣誉证书

天然气、绿化队分工会：
　　被评为九七至九八年度三产总
公司先进分工会
一九九九年三月

荣誉证书

一院三产实业部绿化队绿化工程组工会小组：
　　在1999—2000年度的工会工作中成绩突出，
被直属工会授予"先进工会小组"称号，特此表彰。
二〇〇一年一月

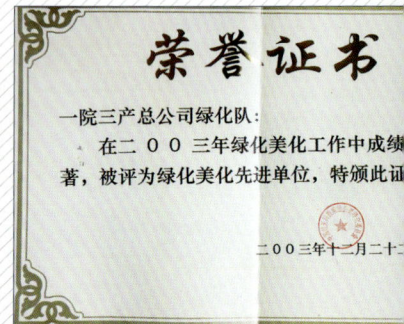

荣誉证书

一院三产总公司绿化队：
　　在二〇〇三年绿化美化工作中成绩显著，被评为绿化美化先进单位，特颁此证。
二〇〇三年十二月二十

授予　绿化队技术管理组：

一院2005年特色班组荣誉称号
二〇〇六年一月四日

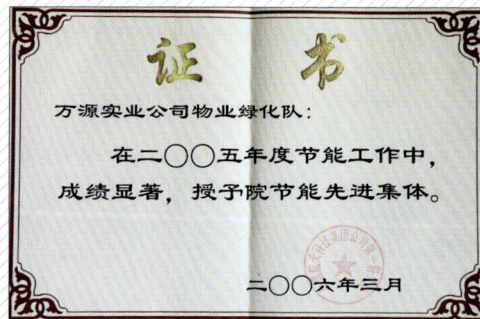

证书

万源实业公司物业绿化队：
　　在二〇〇五年度节能工作中，
成绩显著，授予院节能先进集体。
二〇〇六年三月

万源实业公司北京航天万源园林环境绿化工程有限公司党支部：
　　在二〇〇五年至二〇〇六年度"创先争优"评比活动中，被评为先进党支部。
二〇〇六年六月

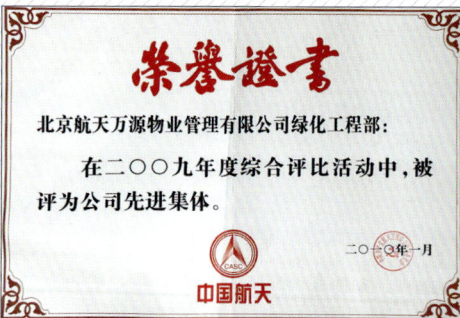

荣誉证书

北京航天万源物业管理有限公司绿化工程部：
　　在二〇〇九年度综合评比活动中，被评为公司先进集体。
二〇一〇年一月
中国航天

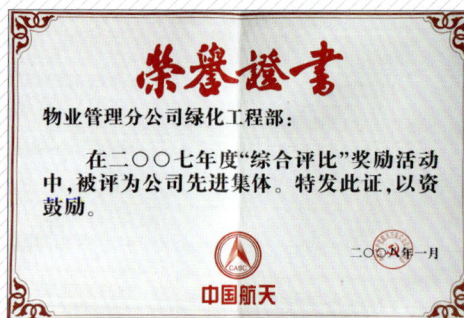

荣誉证书

物业管理分公司绿化工程部：
　　在二〇〇七年度"综合评比"奖励活动中，被评为公司先进集体。特发此证，以资鼓励。
二〇〇八年一月
中国航天

荣誉证书

北京市航天万源园林环境绿化工程有限公司：
　　在2007年度开展的庆祝建院五十周年系列活动中，贵单位成为优秀合作单位。
特发此证。
二〇〇八年二月十八日
中国航天

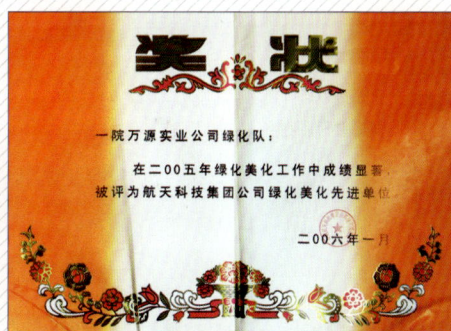

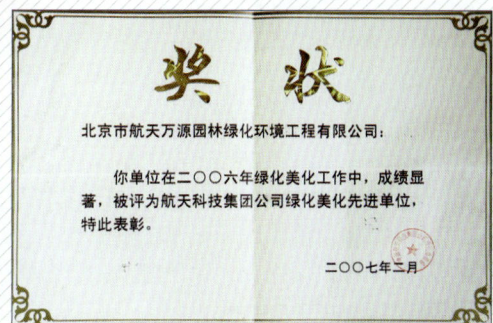

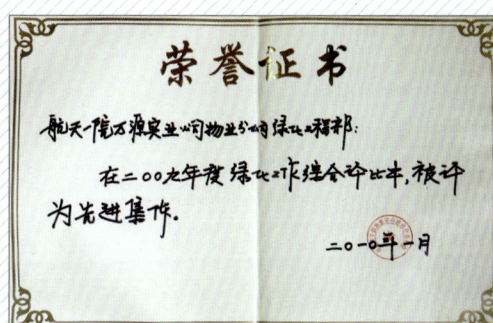

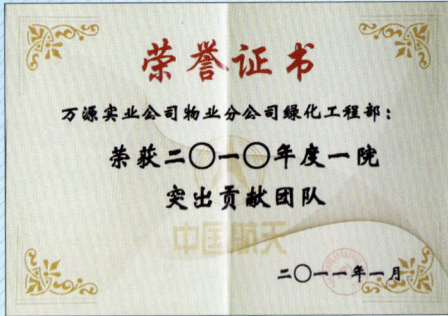

荣誉证书

万源实业公司物业分公司绿化工程部：

荣获二〇一〇年度一院
突出贡献团队

二〇一一年一月

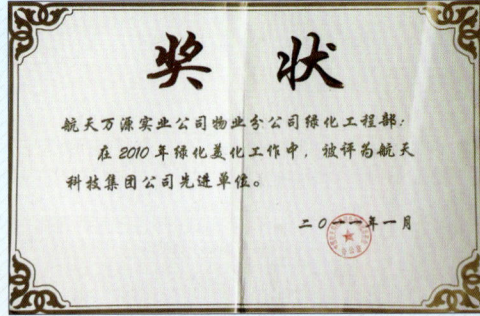

奖　状

航天万源实业公司物业分公司绿化工程部：
在2010年绿化美化工作中，被评为航天
科技集团公司先进单位。

二〇一一年一月

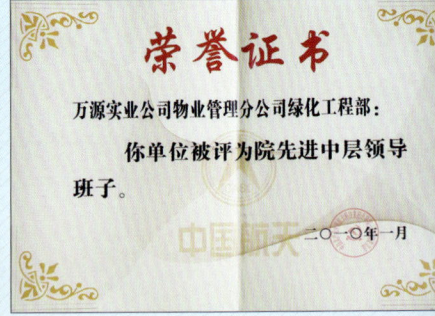

荣誉证书

万源实业公司物业管理分公司绿化工程部：

你单位被评为院先进中层领导
班子。

二〇一〇年一月

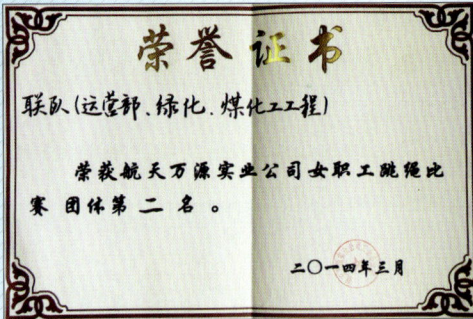

荣誉证书

联队（运营部、绿化、煤化工工程）

荣获航天万源实业公司女职工跳绳比
赛团体第二名。

二〇一四年三月

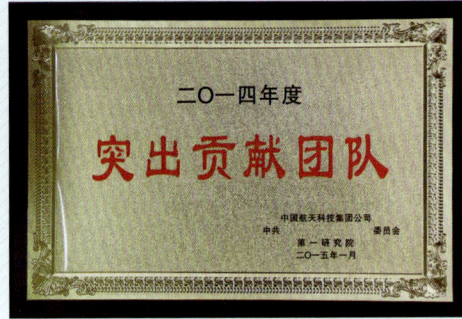

二〇一四年度
突出贡献团队

中国航天科技集团公司
中共　第一研究院　委员会
二〇一五年一月

二〇一四至二〇一五年度
突出贡献党支部

中国航天科技集团公司
中共　第一研究院　委员会
二〇一五年六月

街道级奖项

奖　状

航天部一院绿化队：
　　被评为一九九二年度绿化美化先
单位。

二〇一五年乙区绿化办
土城街道绿化委员会
1993.3

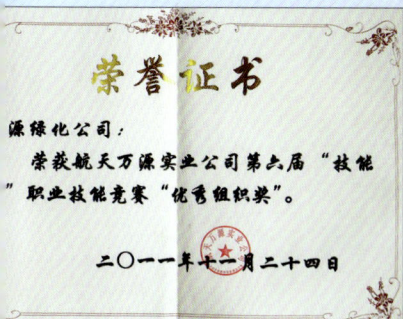

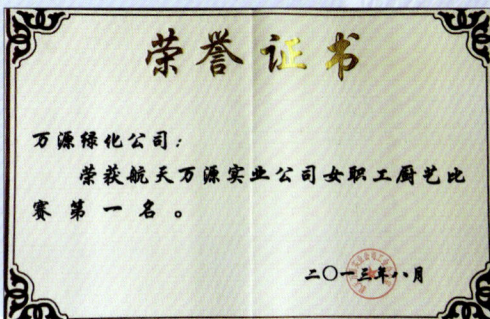

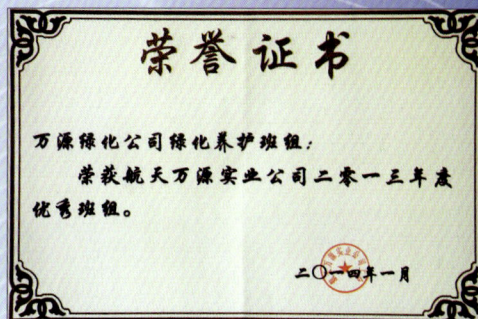

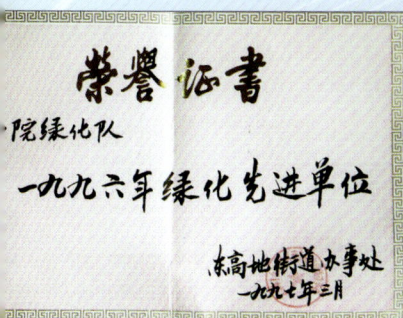

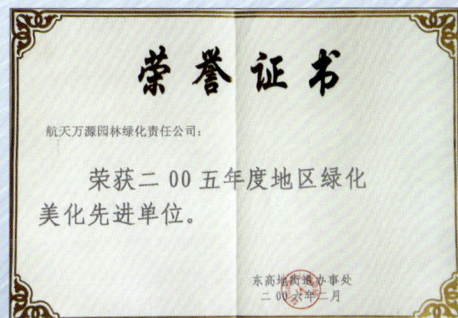

绿苑

LVYUAN

生态摄影

多年来，航天一院在规划实施美好家园建设的同时，以"推进规划建绿，科技兴绿，依法治绿"为手段，以"以人为本，营造航天文化氛围，创造国际一流的宜人环境空间"为目标，大力加强干部职工队伍的文化建设，一方面力争用双手开拓出画一般的美景，一方面用智慧去填写诗一般的生活，培养了众多的艺术人才，他们用摄影、书画、美文等形式，抒发心中对美好家园的赞美和向往，为航天城人文与绿色的完美结合作出了贡献。

①苍绿抱长廊　　宋其凤 摄
②桃园春景　　　齐正芬 摄
③桃园绿荫　　　赵林阁 摄
④欢乐腰鼓　　　宋振田 摄
⑤一院花开摄影　杨荣秀 摄

中國夢航天情家園美

新志乙未年夏秋之交 渭清

乙未仲夏 刘渭清书

美好家園

703所　　　　　　刘渭清
703所　　　　　　刘渭清
102所　　　　　　孟炳卫
院老年书画研究会　李丰龄

雪梅艳稀三春景
霜叶红於二月花

古贤佳句

燕舞莺歌伴我行
红柳绿展仪容赏心
家是诗书画尽写风
清与月明

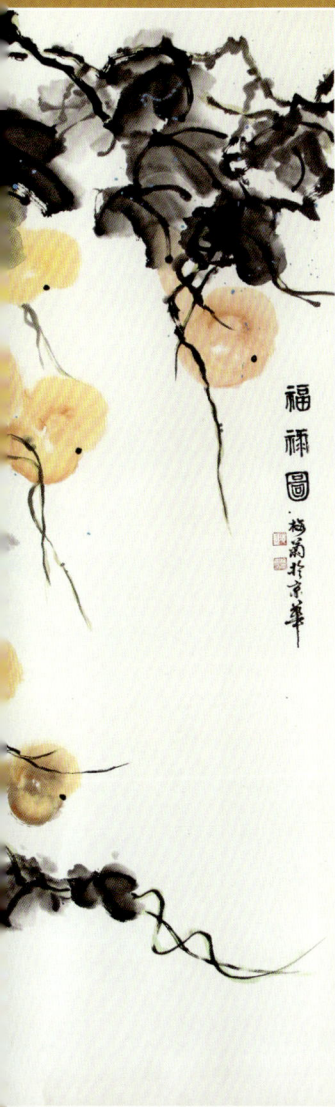

作者

北京航天万源科技公司　朱春章
院老年书画研究会　　　卢春荣
首都航天机械公司　　　凌梅菊
首都航天机械公司　　　王淑君
首都航天机械公司　　　贾秀英

就这样与你相遇
在光秃秃的早春里
立起的衣领挡不住冰凉的风
飞舞的头发如乱草无序
没有垂柳的英姿

当我又看见你
在明晃晃的仲夏里
宽大的帽檐遮不住灼热的阳光
滚烫的脸颊晒得让人唏嘘
确是古铜般黑亮

我总想遇见你
在明艳艳的花季里
白色玉兰是我婷婷的裙衣
粉色桃花是我带笑的脸庞

也许，你会为我停留
喂，如果下次再相遇
请不要记住我黝黑的面庞
泥泞的裤腿和球鞋
请看看我勤劳的双手
晶莹的汗水
还有送给你的灿烂的花季

我们的花季

——献给所有工作在绿化一线的女同志

武 丹

栽花遐想

雯 雯

我喜欢收获甘甜的果实，
更喜欢栽植芳香的美丽；
一棵花连接着一段缠绵的情缘，
一盆花蕴藏着一个五彩缤纷的故事。

花朵的殷红，
那是花的轻轻诉说；
哪怕你离开十日百日，
爱的呼唤也不会停息。

叶片的碧绿，
那是花的殷殷情谊；
哪怕你离开千里万里，

爱的承诺也不会遗忘或转移。

爱的心灵是相通的，
纵然千回百转也会在花瓣上相遇；
爱的信念是坚定的，
每一朵鲜艳都是一面高举的旗帜。

有人说栽花如同谱写恋歌，
有人说谱写恋歌就是播种柔情蜜意；
栽花需要真诚，
需要关怀与呵护，
也要掌握光照的时间和浇水施肥的规律……

金秋银杏展风华

王 暾

又是一年金秋送爽，每当深秋来临之际，也是银杏尽展风华之时。刹那风起，金黄的小扇子自枝头飘落，翩翩飞舞成漫地的璀璨，此情此景，美不胜收啊！

当我们漫步在万源南路的林荫小道上，清风拂起，伴随着"沙沙"的轻响，吹落的小精灵或落在你头上，或落在你肩上，让你充分的体会到人与大自然的和谐与融洽。

每当看到大家陶醉在美丽的风景之中，我们美好家园的守护者都会由衷地感到欣慰和自豪，因为每一棵树，每一步景都倾注了我们大量的心血和汗水。

正因为我们对银杏的精心养护和管理，才保证了银杏能够茁壮成长，才有了今秋这绚丽的景象。

到了春天的时候，我们会根据银杏生长土壤的酸碱度以及元素含量进行检测调节并施加适量基础肥料，改善银杏的生长环境。

到了夏天的时候，我们对银杏的生长环境进行梳理，将周围长势过旺的金叶女贞以及大叶黄杨进行修剪和移栽，保证银杏充分的水分和养分。

到了秋天的时候，我们进行追肥、浇防冻水等，确保银杏在冬眠之前吸收足够的水分和养分，而能够顺利过冬。

到了冬天的时候，树叶已经落光，我们进行及时的枯枝落叶以及其他垃圾的清理，做好防护和防火工作。

如今秋天又到了，金黄的小扇子开始翩翩起舞了。今年的秋天又是个璀璨的金秋，今年的银杏将会更加美好。

绿色航天 美丽家园

后记

　　如果有一天，你有幸走进航天人工作生活学习的世界，你会感到惊奇。而让你惊奇的绝不只是航天人通过顽强拼搏实现了的一个个飞天的梦想，还有他们那郁郁葱葱的如诗如画的公园广场、生产区生活区、科研办公区和发射装备基地，更让你在惊奇中感到心旷神怡。

　　假如给你一支火箭的能量，当你冲入太空俯瞰大地的时候，你会发现，这个坐落在北京市丰台区南苑东高地绿荫中的航天大院儿，确与其他单位有所不同。对，就是这个航天大院儿，还有它属下的众多的厂、站、院、所，通过自力更生、奋发图强、艰苦奋斗、开拓进取，为我国的航天事业的不断发展，作出了令全世界为之瞩目的贡献。

　　我们都知道，首都的南郊，历史上曾经是明清皇室狩猎的地方，当时的情况是盐碱满地、一片荒凉，而在10年动乱期间，新中国建立初期苦心经营的仅有的一些花草树木，又遭到了严重的破坏，这无异于雪上加霜。

　　然而，经过航天人多年来不懈的努力和追求，如今，这里到处树木成林，绿草如茵，呈现出三季有花、四季常青的优美景象。这里的人们，在用智慧和心血，把一颗颗中国航天人自己制造的卫星送上太空的同时，还用劳动的汗水，为自己创造出了一个个优雅、安静、整洁、清新的工作生活学习环境。

　　你看那千姿百态的花草，优雅怡人的亭廊，绿荫掩映的园路，造型生动的雕塑，给人们带来了说不尽的轻松和愉快，使在这里工作、生活、学习的人们，为祖国航天事业作出更大贡献的信心更足了。

　　时代在变，环境在变，院容在变，人们的精神面貌也在变。过去被破坏掉的花草树木，今天又以千倍万倍的面积和数量，重新根植盛开在庭院里、小区间，根植盛开在家家户户的屋边窗前，且品种多样，美丽端庄，适应本土，科技性强。花草树木不仅可以美化人们工作生活学习的环境，还可以陶冶人们的情操。

　　航天人不但热爱航天事业，也同样热爱绿化美化事业。他们喜欢建设绿色的家园，喜欢广植树木，培育草地，植树、种草、养花、爱花、赏花，已经成为他们日常工作生活学习中不可缺少的重要内容。这些经他们之手培育出来的争芳斗艳的奇花异草，枝繁叶茂的森森绿树，栩栩如生的根雕造型，都是草木世界里的佼佼者，是航天人一起努力，用心血和汗水浇灌出来的丰硕果实。

　　当神箭景观园3个纪念性空间落成以后，每天清晨朝霞初露的时节，人们便来到这里练功、学习，雕塑、水体、柱廊、鸟语花香，伴随着人们度过一个个美好的早晨。傍晚，人们又来到这里休闲散步，广场、景观平台、

花草树木、周围建筑，会使你流连忘返，回味不尽航天事业不断发展的辉煌历程。

当万源路生活区幢幢宿舍大楼拔地而起的时候，绿化主体工程仅用了100多天就宣告完成。借助东高地万源路生活区比比皆是的参天大树，精心营造出典雅别致的园林小品风格各异，再加上花草树木与亭台、景石、铁艺、栈道的配合，围合成了一个相对安静的空间，让人疑惑这里不是小区，而是一幅美丽的画卷。

当生活区核心地段的中心花园长期服役，显得心力交瘁时，航天人及时为其进行绿化提升，新植树木栽花种草不算，还在水池西南角与中间小岛处，用假山石制作了汀步。绿树浓荫下，别致的水池、假山、垂柳、水生植物，多姿多彩，相映成趣，充满生机。

当大兴区六合庄永定河故道义务植树基地不再起黄沙，干燥的空气逐渐变得湿润清新的时候，人们不会忘记昔日狂风一起，黄沙满天，奔腾呼啸，令人生畏的日子。人们更不会忘记，航天人千军万马，顶风沙，冒严寒，开赴荒滩的浩大场面，以及在推土机、打井机伴奏下唱出的植树交响曲。

航天绿化取得的成绩得到了社会的广泛认可，多年来，这里也留下了中央绿化委员会副主任汪斌、中央国家机关党组书记宋一平、中央国家机关绿化委员会主任艾知生、首都绿化委员会常务副主任单昭祥等领导同志多次视察关怀和支持的印迹。

当航天大院内那条漂亮的银杏大道被片片金色的落叶铺满的时候，人们在观光赏景之时，不会忘记，当年养护队为了攻克夏天银杏叶缘出现焦黄现象难关而付出的心血和艰辛。

如今，航天人幸福地生活在绿色的海洋里，生活在鸟语花香的世界里，生活在创造奇迹的梦想里，同时也生活在脚踏实地的现实里。无论是初春还是盛夏，无论是深秋还是严冬，这里都始终是清爽整洁，树木常青，繁花似锦，绿茵常在，奇迹频出的世界。在这样的环境中工作生活学习，人们的精神面貌怎能不焕然一新。

俗话说得好，有一分耕耘就有一分收获，有一分努力就有一分成绩。航天人有智慧也有能力，将一个个美好的梦想变为一个个现实。他们种下去的是一片片绿荫，而生长出来的却是一片片希望；他们栽植下去的是一片片鲜花，而盛开在世人面前的却是一片片理想。

让我们寄希望于航天人花团锦簇的美好未来吧！

编者

2015年11月